MARIA
ENTRE NÓS

Dados Internacionais de Catalogação na Publicação (CIP)
(Câmara Brasileira do Livro, SP, Brasil)

Maria entre nós : as aparições marianas, a devoção a Nossa Senhora em seus vários títulos e o esplendor do Santo Rosário / Solange Garcia... [et al.]. – Petrópolis, RJ : Vozes, 2022.

Outros autores : Tatiana Vendramim, Even Sacchi, Enio Marcos de Oliveira.
ISBN 978-65-5713-432-0

1. Catolicismo 2. Novenas 3. Orações 4. Rosário – Meditações 5. Nossa Senhora Aparecida 6. Nossa Senhora Aparecida – Aparição e milagres 7. Virgem Maria I. Garcia, Solange. II. Vendramim, Tatiana. III. Sacchi, Even. IV. Oliveira, Enio Marcos de.

21-94162   CDD-232.91

Índices para catálogo sistemático:
1. Virgem Maria : Mariologia   232.91

Aline Graziele Benitez – Bibliotecária – CRB-1/3129

Solange Garcia
Tatiana Vendramim
Even Sacchi
Pe. Enio Marcos de Oliveira

MARIA ENTRE NÓS

*As aparições marianas, a devoção a
Nossa Senhora em seus vários títulos
e o esplendor do Santo Rosário*

EDITORA
VOZES

Petrópolis

© 2022, Editora Vozes Ltda.
Rua Frei Luís, 100
25689-900 Petrópolis, RJ
www.vozes.com.br
Brasil

Todos os direitos reservados. Nenhuma parte desta obra poderá ser reproduzida ou transmitida por qualquer forma e/ou quaisquer meios (eletrônico ou mecânico, incluindo fotocópia e gravação) ou arquivada em qualquer sistema ou banco de dados sem permissão escrita da editora.

CONSELHO EDITORIAL

Diretor
Gilberto Gonçalves Garcia

Editores
Aline dos Santos Carneiro
Edrian Josué Pasini
Marilac Loraine Oleniki
Welder Lancieri Marchini

Conselheiros
Francisco Morás
Ludovico Garmus
Teobaldo Heidemann
Volney J. Berkenbrock

Secretário executivo
Leonardo A.R.T. dos Santos

Editoração: Maria da Conceição B. de Sousa
Diagramação: Sheilandre Desenv. Gráfico
Revisão gráfica: Alessandra Karl
Capa: Érico Lebedenco
Ilustração de capa: Madonna com criança e anjos. Giovanni Battista Salvi da Sassoferrato, 1674.

ISBN 978-65-5713-432-0

Este livro foi composto e impresso pela Editora Vozes Ltda.

Este livro nasceu da recitação diária e virtual do terço, em união com algumas irmãs de fé, desde que a pandemia atingiu o Brasil em março de 2020. Solange Garcia e Tatiana Vendramim iniciaram um lindo trabalho de evangelização, propondo meditações sobre a vida dos santos logo após a oração do terço, conseguindo reunir cerca de 15 amigas e parentes, de segunda a sábado, sempre às 18h. Dois meses depois do início dessa ação, em maio, Mês de Maria, a ideia foi pesquisar e desenvolver palestras sobre 30 aparições de Nossa Senhora, uma em cada dia do mês. O interesse foi tamanho que surgiu a ideia de reunirmos os textos das palestras em um livro. Numa inspiração conjunta durante a recitação do terço em uma tarde de sábado, dia que a Igreja dedica à Virgem Maria, as mentoras dessa evangelização pensaram em convidar uma das participantes dos encontros virtuais, Even Sacchi, para finalizar e organizar a obra.

Cremos firmemente que a Virgem Maria nos indicou o caminho para que este livro se tornasse realidade. Com o importante auxílio do Pe. Enio, chegamos à Editora Vozes, que logo incentivou a conclusão da obra para nos presentear com esta edição de *Maria entre nós*.

Agradecemos a Deus, à poderosa intercessão de nossa Mãezinha do céu e às muitas mãos abençoadas e amigas que fizeram este livro chegar aos leitores em todo o país.

Um filho de Maria jamais perecerá!

Quem pede sem Maria tenta voar sem asas.
Santo Antônio

Sumário

Prefácio, 9
Apresentação, 11
Introdução, 15
Ato de desagravo ao Imaculado Coração de Maria, 20
Nossa Senhora do Pilar, 21
Nossa Senhora do Santo Cinto, 27
Nossa Senhora do Rosário, 31
Capítulo especial: rosário, oração de um povo, 38
Nossa Senhora do Carmo, 63
Nossa Senhora da Cabeça, 68
Nossa Senhora de Loreto, 74
Nossa Senhora de Caravaggio, 78
Nossa Senhora da Penha, 81
Nossa Senhora do Bom Conselho, 86
Nossa Senhora do Perpétuo Socorro, 90
Nossa Senhora de Guadalupe, padroeira da América Latina, 93
Nossa Senhora de Šiluva, 102
Nossa Senhora de Nazaré, 106
Nossa Senhora de Laus, 110
Nossa Senhora Desatadora dos Nós, 114
Nossa Senhora Aparecida, padroeira do Brasil, 118
Nossa Senhora das Graças e sua Medalha Milagrosa, 128
Nossa Senhora de Sion, 140
Nossa Senhora da Salette, 144
Nossa Senhora de Lourdes, 149
Nossa Senhora da Esperança, 158
Nossa Senhora de Gietrzwald, 162
Mãe, Rainha e Vencedora Três Vezes Admirável de Schoenstatt, 166

Nossa Senhora de Fátima, 176
Nossa Senhora Porta do Céu, 189
Nossa Senhora do Divino Pranto, 192
Nossa Senhora Rosa Mística, 196
Nossa Senhora das Lágrimas de Siracusa, 201
Nossa Senhora de Akita, 205
Nossa Senhora das Dores de Kibeho, 210
Datas festivas, 221
Referências, 223
Agradecimentos, 225
Os autores, 227

Prefácio

"Bendita és tu entre as mulheres e bendito é o fruto do teu ventre" (Lc 1,42).

Com tais palavras, Santa Isabel acolhe a Virgem Maria em sua casa, reconhecendo-a como a Bem-aventurada, a Mãe do Salvador. O mistério divino contido nesta afirmação nos é revelado na contemplação e na recitação do Santo Rosário, quando, acompanhadas da Virgem Maria, percorremos a obra da salvação realizada em Jesus Cristo.

Foi justamente percorrendo as contas do Santo Rosário, uma das mais belas orações da Igreja e parte da sua imensa riqueza espiritual, que surgiu a inspiração para a empreitada de escrever este riquíssimo livro. Uma obra que nasceu por meio das mãos e dos corações generosos de Solange Garcia, Tatiana Vendramim e Even Sacchi, e ainda contando com a inestimável colaboração do nosso querido Pe. Enio Marcos de Oliveira.

Em seu meticuloso e dedicado trabalho de elaboração, estes irmãos foram capazes de recolher algumas das mais importantes aparições da Virgem Maria, apresentando-as com simplicidade neste livro. Com muito zelo e cuidado, pesquisaram e utilizaram fontes fidedignas, buscando, sobretudo, a orientação da Igreja no que diz respeito a tais manifestações marianas ao longo da história.

Considero inspiradora a proposta de pensar a oração do Santo Rosário como um caminho de encontro com o Senhor Jesus, percorrido ao lado de Nossa Senhora, caminho no qual os nossos corações, muitas vezes marcados pelas incertezas, dúvidas e dificuldades próprias da vida, são iluminados e aquecidos, assim como aconteceu com os discípulos de Emaús (Lc 2,32). De fato, a meditação dos mistérios do rosário proposta pelo livro é uma maneira muito singela, cristalina e bonita de rezar e refletir sobre os mistérios de nossa salvação.

Reconheço também como sendo muito delicada e profunda a intenção de reforçar o convite para que as partes do rosário sejam rezadas nos grupos e nas famílias. Momento oportuno para que todos possam refletir sobre a presença de Nossa Senhora que, como Mãe amorosa, caminha e orienta seus filhos e filhas na direção de seu Filho Jesus, como ela mesma fez nas Bodas de Caná: "Fazei tudo o que Ele vos disser" (Jo 2,5).

Desejo a todos uma boa leitura e que a contribuição destas irmãs e deste irmão nos ajude a perscrutar a vivência da fé, crescendo sempre na direção da fraternidade como discípulos missionários de Jesus Cristo: homens e mulheres capazes de construir, com a graça divina, um tempo de amor e fraternidade, como é o desejo de Nossa Senhora e de toda a Igreja, que busca sempre refletir a luz de Jesus Cristo.

Boa leitura e uma boa meditação.

† *Dom Frei Dario Campos, OFM*
Arcebispo de Vitória, ES

Apresentação

Caros leitores,

Reunimos neste livro trinta aparições de Nossa Mãe Santíssima, quando Maria se fez visível entre nós por meio de almas escolhidas por Deus para testemunhar tão deslumbrante dádiva. Levamos em conta as aparições reconhecidas pela Igreja Católica, outras que estão em estudo e alguns títulos de Nossa Senhora que são venerados por grande número de fiéis, com relatos de copiosas graças recebidas pelas mãos de Maria. A Igreja Católica usa de prudência e faz um exame minucioso de todos os depoimentos, documentos e circunstâncias de cada provável aparição, para nos dar a confirmação fidedigna do caráter sobrenatural dos fatos. A Virgem Maria vem até nós para nos passar ensinamentos, fazer alertas e trazer pedidos do céu. Na grande maioria das vezes, ela nos pede conversão, oração e penitência; diz-nos para rezarmos uns pelos outros e pelas almas do purgatório, pois sabemos que a ação de cada membro da Igreja militante, da qual fazemos parte, influencia no andamento da história e pode interferir na Igreja padecente, formada pelos que já terminaram sua caminhada nesta vida terrena e estão a caminho da Pátria Celeste. As aparições "a fazem cuidar dos irmãos de seu Filho, que caminham ainda na terra, até chegarem à pátria bem-aventurada" (*Lumen Gentium* 62).

De acordo com o *Catecismo da Igreja Católica*, o papel das aparições "não é o de aperfeiçoar a revelação definitiva de Cristo, mas ajudar a vivê-la mais plenamente numa determinada época da história [...]. A fé cristã não pode aceitar "revelações" que pretendam ultrapassar ou corrigir a Revelação de que Cristo é a plenitude" (n. 67).

O Pe. Stefano De Fiores, que foi professor de Mariologia na Pontifícia Faculdade Marianum, de Roma, disse: "Quando se calam os sinais da terra se fazem vivos aqueles do céu. A importância das aparições da Virgem Maria não está no fato de que iluminam ou recordam dados evangélicos, mas no de soar como um alarme para uma comunidade cristã que poderia adormecer nos hábitos de sua vida".

Trazemos também a importante reflexão do mariólogo Antonino Grasso: "As aparições, se não são uma novidade objetiva, são, todavia, uma novidade profética. São como um imperativo de Deus para avaliar, nos momentos históricos que a humanidade atravessa, alguns aspectos do Evangelho".

Desde o início do cristianismo, a Virgem Maria apareceu para inúmeras pessoas em várias partes do mundo, e, a partir do século XVI, métodos mais tradicionais de aprovação foram estabelecidos. Esta metodologia, aprimorada no século XX, permitiu à Igreja discernir quais manifestações tinham elementos que lhe conferiam credibilidade e representavam um chamado sobrenatural à conversão. O *Dicionário de Aparições da Virgem Maria* registra cerca de 2.400 manifestações de Nossa Senhora ao longo da história; destas, o Vaticano aprovou apenas 14 até os dias de hoje, e dezenas estão sendo analisadas.

Desde o início da pandemia do Coronavírus, começamos a rezar o terço virtualmente todos os dias com um grupo de amigas e parentes. Após a recitação, durante o mês de maio de 2020, Mês de Maria, fizemos palestras sobre as aparições de Nossa Senhora, o que nos inspirou a realizar esta obra, que oferecemos a ela com todo nosso amor.

Em nossa caminhada para escrever esta obra tivemos a graça de contar com a sabedoria sacerdotal do Pe. Enio Marcos, que nos fala nestas páginas sobre o Santo Rosário, oração cristocêntrica por excelência que nos chegou pelas mãos da Virgem Maria, nossa maior intercessora. Temos o profundo desejo de incentivar a oração do terço pela salvação das almas e avivar a devoção à Virgem Santíssima.

Sigamos os conselhos de nossa Mãezinha do céu, que nos ama e nos quer ver felizes no caminho de seu divino Filho Jesus, rumo à Igreja triunfante.

Para finalizar, manifestamos nossa total obediência às decisões do magistério da Igreja sobre as aparições marianas.

Abraço fraterno,

Os autores

Introdução

A Congregação para a Doutrina da Fé – um dos dicastérios da Cúria Romana, órgão central por meio do qual os assuntos da Igreja Católica são conduzidos – definiu as normas para proceder no discernimento de presumíveis aparições e revelações[1].

A seguir, fazemos referência a alguns trechos do documento escrito em 25 de fevereiro de 1978, que se encontra no portal do Vaticano (vatican.va) e traz os critérios para julgar, pelo menos com certa probabilidade, o caráter das presumíveis aparições ou revelações. As avaliações são feitas tanto com um exame minucioso dos fatos quanto da personalidade e conduta do vidente.

Critérios positivos:

a) Certeza moral, ou pelo menos grande probabilidade da existência do fato, adquirida por meio de uma investigação séria.

b) Circunstâncias particulares relativas à existência e à natureza do fato, ou seja:

1) qualidades pessoais do sujeito ou dos sujeitos (em particular, o equilíbrio psíquico, a honestidade e a retidão da vida moral, a sinceridade e a docilidade habitual para com a autoridade eclesiástica, a predisposição para retomar um regime normal de vida de fé etc.);

2) no que diz respeito à revelação, doutrina teológica e espiritual verdadeira e isenta de erro;

---

[1] Disponível em https://www.vatican.va/roman_curia/congregations/cfaith/documents/rc_con_cfaith_doc_19780225_norme-apparizioni_po.html

3) devoção sadia e frutos espirituais abundantes e constantes (p. ex., espírito de oração, conversões, testemunhos de caridade etc.).

Critérios negativos:

a) Erro manifesto acerca do fato.

b) Erros doutrinais atribuídos ao próprio Deus, à Bem-aventurada Virgem Maria ou a algum santo nas suas manifestações, considerando, todavia, a possibilidade de que o sujeito tenha acrescentado – também inconscientemente – a uma autêntica revelação sobrenatural elementos puramente humanos, ou então algum erro de ordem natural (cf. SANTO INÁCIO. *Exercícios*, n. 336).

c) Uma procura evidente de lucro, ligada estritamente ao fato.

d) Doenças psíquicas ou tendências psicopáticas no sujeito, que certamente tenham exercido influência sobre o presumível fato sobrenatural, ou então psicose, histeria coletiva ou outros elementos do gênero.

De acordo com a Congregação para a Doutrina da Fé, compete antes de tudo ao bispo local a tarefa de vigiar e intervir quando necessário no caso do relato de uma aparição. No Concílio de Trento (1545-1563) já havia ficado definido que o bispo local é a primeira e principal autoridade para julgar a autenticidade de uma aparição mariana. A Sé Apostólica pode intervir, quer a pedido do próprio bispo, quer de um grupo qualificado de fiéis, quer também diretamente em razão da jurisdição universal do Sumo Pontífice.

Depois de vermos alguns dos pontos para que uma aparição seja oficialmente reconhecida pela autoridade eclesiástica, listamos as aparições aprovadas até o momento: Laus (França), 1664-1718; Roma (Itália), 1842; La Salette (França), 1846; Lourdes (França), 1858; Champion (Estados Unidos), 1859; Pontmain (França), 1871; Gietrzwald (Polônia), 1877; Knock (Irlanda), 1879; Fátima (Portugal), 1917; Beauraing (Bélgica), 1932; Banneux (Bélgica), 1933; Akita (Japão), 1973-1981; Betania (Venezuela), 1976-1988; Kibeho (Ruanda), 1981-1986.

Vocês devem estar se perguntando, por exemplo: Mas e a aparição de Nossa Senhora de Guadalupe ao índio Juan Diego, no México, e a de Nossa Senhora das Graças a Catarina Labouré, na França?

Essas visitas de Nossa Senhora foram reconhecidas de fato como sobrenaturais. Na época da aparição no México, 1531, não havia decreto oficial, mas o bispo mandou construir uma capela onde Nossa Senhora de Guadalupe havia pedido[2]. E há casos intermediários em que não há um pronunciamento oficial ou decreto, mas o bispo local reconhece a piedade da devoção e autoriza o culto. Há ainda supostas aparições que já foram rejeitadas pelo magistério da Igreja. É o caso da relatada pela vidente Ida Peerdeman, em Amsterdã, Holanda, entre 1945 e 1959. Para conhecermos a profundidade do discernimento da Santa Sé reproduzimos trechos da notificação da Congregação para a Doutrina da Fé feita em maio de 1974: "Sobre as supostas aparições e revelações da chamada *Senhora de Todos os Povos*, em Amsterdã, a Sagrada Congregação para a Doutrina da Fé estima oportuno declarar o que se segue: Em 7 de maio de 1956, o bispo da Diocese de Haarlem (Holanda), depois de um exame atento da causa sobre as pretensas aparições e revelações da *Senhora de Todos os Povos*, declarou que 'não constava o caráter sobrenatural das aparições', e, por conseguinte, proibia a veneração pública da imagem da *Senhora de Todos os Povos*, bem como a simples divulgação dos escritos que apresentam tais aparições e revelações como de origem sobrenatural. [...] Além disso, em resposta a um recurso do bispo de Haarlem de 29 de março de

---

2 Disponível em www.avvenire.it

1972, a Sagrada Congregação para a Doutrina da Fé confirmava a decisão já tomada a esse respeito em 24 de maio do mesmo ano. Atualmente, em razão dos acontecimentos ulteriores, e depois de um novo e mais profundo exame do caso, a Sagrada Congregação para a Doutrina da Fé confirma com a presente notificação o fundamento do juízo já expresso pela competente autoridade eclesiástica e convida os sacerdotes e os leigos a cessarem qualquer propaganda sobre as pretendidas aparições e revelações da *Senhora de Todos os Povos*, exortando a todos a expressarem sua devoção pela Virgem Santíssima, Rainha do Universo (cf. Carta Encíclica *Ad Caeli Reginam*, AAS 30 [1954], 625-640), como reconhecida e recomendada pela Igreja. Roma, 25 de maio de 1974"[3].

Não houve aprovações eclesiásticas posteriores a este documento, embora o assunto continue vindo à tona de tempos em tempos. Tanto que, em 30 de dezembro de 2020, Johannes Hendriks, bispo de Haarlem-Amsterdã, depois de consultar, e de acordo com a Congregação para a Doutrina da Fé, achou por bem esclarecer mais uma vez a questão, citando os papas Francisco e Bento XVI. "[...] Por meio da devoção a Maria, Mãe de Todos os Povos, muitos fiéis expressam seu desejo e aspiração pela fraternidade universal dos homens, com a ajuda e o apoio da intercessão de Maria. 'Maria é a nossa Mãe, é a Mãe dos nossos povos, é a Mãe de todos nós' (FRANCISCO. Homilia de 12/12/2019) 'e convida-nos a cooperar com o desígnio de Deus e com a sua vontade de que todos sejamos e nos tornemos cada vez mais irmãos' (BENTO XVI. Encíclica *Caritas in Veritate*, 42). [...] Nesse sentido, o uso do título Senhora de Todas as Nações por Maria é, em si mesmo, teologicamente per-

---

3 Disponível em www.vatican.va/roman_curia/congregations/cfaith/documents/rc_con_cfaith_doc_19740525_signora-amsterdam_po.html

missível. [...] Quanto ao uso do mero título *Senhora, Nossa Senhora* ou *Mãe de Todas as Nações*, a Congregação não se opôs ao seu uso em geral, desde que claramente separado do reconhecimento das supostas aparições. Quando Maria é invocada com este título, pastores e fiéis devem cuidar para que todas as formas de devoção evitem fazer qualquer referência – mesmo implícita – às supostas aparições ou revelações. Haarlem, 30 de dezembro de 2020"[4].

Para quem quiser saber mais sobre todas as aparições estudadas pela Igreja, sugerimos o site do mariólogo Antonino Grasso (latheotokos.it), que traz uma lista extensa das aparições e a classificação de cada uma: reconhecida pela Igreja, não reconhecida ou *sub judice*.

---

4 Disponível em www.bisdomhaarlem-amsterdam.nl/?p=news&i-d=4486&t=Verduidelijking+ten+aanzien+van+de+Vrouwe+van+alle+-Volkeren

Ato de desagravo ao Imaculado Coração de Maria

Ó coração doloroso e imaculado de Maria, transpassado de dor pelas injúrias com que os pecadores ultrajam vosso santo nome e vossas excelsas prerrogativas, eis, prostrado aos vossos pés, vosso(a) indigno(a) filho(a) que, oprimido(a) pelo peso das próprias culpas, vem arrependido(a) com o ânimo de reparar as injúrias que, à maneira de penetrantes setas, dirigem contra vós os homens ousados e perversos.

Desejo reparar, com este ato de amor e submissão que faço perante o vosso coração amantíssimo, todas as blasfêmias que proferem contra o vosso augusto nome, todas as ofensas que fazem às vossas excelsas virtudes e todas as ingratidões com que os homens correspondem ao vosso maternal amor e inesgotável misericórdia.

Aceitai, ó Coração Imaculado, esta demonstração de meu fiel carinho e justo reconhecimento, com o firme propósito que faço de ser-vos fiel todos os dias de minha vida, de defender vossa honra quando a vejo ultrajada e de propagar com entusiasmo vosso culto e vossas glórias. Amém!

Rezar 3 Ave-Marias em honra ao poder, à sabedoria e à misericórdia do puríssimo Coração de Maria, desprezado pela humanidade.

Nossa Senhora do Pilar

O título de Nossa Senhora do Pilar é o mais antigo de que temos conhecimento e se refere à aparição da Virgem Santíssima ao Apóstolo Tiago Maior, irmão de São João Evangelista, em Saragoça, Espanha.

Na verdade, essa aparição é caracterizada como uma bilocação – ou seja, o fenômeno de estar fisicamente presente em dois lugares ao mesmo tempo –, pois Maria ainda estava neste mundo, morando na Terra Santa, quando surgiu diante de São Tiago.

Antes de voltar para o Pai, Jesus ordenou aos seus apóstolos: "Ide, pois, e ensinai a todas as nações; batizai-as em nome do Pai e do Filho e do Espírito Santo" (Mt 28,19). Assim, Ele os instruiu para levarem a Boa-nova não somente ao povo de Israel, mas a todos os povos da Terra. As primeiras pregações dos apóstolos, depois de Pentecostes, aconteceram em Jerusalém e desencadearam incontáveis conversões, fazendo explodir o ódio do sinédrio contra todos os que assumiram a fé cristã. O sinédrio era a corte suprema da lei judaica, que também representava o povo judeu perante a autoridade romana. Nesse período, tiveram início perseguições brutais e irascíveis, especialmente quando Pilatos saiu do governo da Judeia, ocasionando vacância no poder romano e fortalecimento do sinédrio. Com isso, muitos cristãos não tiveram outra saída senão fugir para outras terras, levando consigo um coração abrasado pelo fogo do amor de Jesus e ávido por testemunhar a fé. O Apóstolo Tiago Maior, filho de Zebedeu e Salomé, foi designado para evangelizar na Espanha.

Na madrugada do dia 2 de janeiro do ano 40, enquanto ele rezava às margens do Rio Ebro, em Saragoça, pedindo a Deus que o levasse a discernir se deveria mesmo permanecer na Espanha, uma vez que havia conseguido apenas oito conversões desde que chegara àquele distante lugar, o apóstolo também voltou seu coração à Virgem Maria e suplicou que ela intercedesse por suas intenções. Foi então que São Tiago escutou vozes de anjos cantando: "Ave Maria, cheia de graça!" Ajoelhando-se, pôde vislumbrar de súbito uma intensa luz envolvendo o ambiente e a multidão da milícia celeste. A fabulosa visão ficou ainda mais fulgurante quando a Mãe de Jesus surgiu, trazida sobre uma nuvem por mãos angélicas até o local onde São Tiago se encontrava. Junto a ela outros anjos portavam uma coluna (pilar) de jaspe (mineral de cores variadas), da altura de um homem e medindo um palmo de diâmetro. Colocaram-na no chão, e a Virgem pousou sobre ela. Tiago foi consolado por Maria e recebeu ânimo novo em sua caminhada, pois ela lhe disse que aquela tribulação era apenas uma prova cuja superação traria abundantes frutos espirituais.

Maria teria proferido as seguintes palavras: "Eis aqui, meu filho, o lugar assinalado e destinado à minha honra, no qual, por teu cuidado e em minha memória, quero que seja edificada uma igreja; conserva este pilar onde estou, porque meu Filho e teu Mestre enviou-o do céu pelas mãos dos anjos; junto a Ele assentarás o altar da capela, e nele obrará a virtude do Altíssimo, os portentos e maravilhas de minha intercessão para com aqueles que, em suas necessidades, implorarem o meu patrocínio. Este pilar permanecerá aqui até o fim do mundo, e nunca faltarão nesta cidade verdadeiros cristãos que honrem o nome de Jesus Cristo, o meu Filho".

Subitamente, o exército de anjos levou Maria Santíssima de volta para sua casa em Jerusalém. Tocado com a aparição, São Tiago logo construiu uma capelinha naquele lugar, com o auxílio dos oito discípulos que havia conquistado para Cristo, e colocou o pilar na parte de cima do altar, de modo que ficasse voltado para o Rio Ebro. Este é o primeiro santuário dedicado à Virgem Maria, de toda a história do catolicismo.

Durante esse colóquio com Nossa Senhora, ela ainda revelou a Tiago que ele haveria de ser o primeiro dos apóstolos a derramar seu sangue pela fé. Tiago Maior era um dos apóstolos mais próximos de Jesus, estando presente no dia da Transfiguração do Senhor, juntamente com seu irmão João, o mais novo dos apóstolos, e Pedro. Lembremos que Salomé certa vez interpelou Jesus para pedir a Ele que seus filhos, Tiago e João, se assentassem bem perto de Jesus, um à direita e outro à esquerda. Jesus lhes perguntou, então, se eles poderiam beber o cálice que Ele iria beber. Eles responderam que sim. Realmente, Tiago, chamado filho do trovão – pois era muito impetuoso – foi mesmo o primeiro a beber o cálice do martírio entre os apóstolos de Jesus. Fora decapitado por ordem de Herodes Agripa I, rei da Judeia, por volta do ano 44, em Jerusalém, para onde havia voltado segundo pedido de Nossa Senhora, que disse a ele que, quando terminasse sua missão de construir o templo, deveria retornar à Terra Santa.

Depois da morte do apóstolo, a fé em Jesus Cristo começou a tomar força entre os habitantes de Saragoça e do resto da Península Ibérica. São Paulo nos fala da existência de uma igreja na Espanha (cf. Rm 15,24) e são constantes as referências a essa edificação sagrada.

A capelinha primitiva de Nossa Senhora do Pilar foi sendo reconstruída e ampliada com o decorrer dos séculos, até se transformar na grandiosa basílica que acolhe um ditoso número de fiéis de todas as partes do mundo, devotos que ficam maravilhados ao deitar os olhos no pilar trazido dos céus.

Um incêndio em 1434 destruiu a igreja edificada antes da atual basílica, mas o pilar existe até hoje, tendo resistido a 2 mil anos de invasões, perseguições, batalhas e guerras.

A construção do atual Santuário de Nossa Senhora do Pilar começou em 1681 e terminou em 1711.

No século XX, a maravilhosa proteção celeste sobre a basílica se confirmou. Poucos dias depois do início da Guerra Civil Espanhola, na madrugada de 3 de agosto de 1936, um bombardeiro partiu de Barcelona em direção a Saragoça, com uma esquadra que tinha ordens de destruir a Igreja de Nossa Senhora do Pilar, almejando abalar os cristãos. O piloto sobrevoou a edificação a baixa altura e jogou três bombas. Duas delas atravessaram o telhado e caíram em lugares muito próximos ao divino pilar; a terceira atingiu a calçada exterior, a poucos metros da fachada principal. Milagrosamente, nenhuma delas explodiu.

Nossa Senhora do Pilar é conhecida como consoladora dos aflitos, refúgio dos pecadores e padroeira da Espanha. Sua festa litúrgica coincide com a de Nossa Senhora Aparecida no Brasil: 12 de outubro, pois é o dia da chegada dos espanhóis às Américas, em 1492.

Milagres

Em Calanda, cidade agrícola distante 100km de Saragoça, aconteceu um dos mais extraordinários milagres da história do cristianismo. Ali morava Miguel Juan Pellicer Blasco, filho de pobres lavradores. Ao atingir a idade de trabalhar, mudou-se para a casa de seu tio em Castellón de la Plana. Foi lá que teve uma queda e fraturou a tíbia, já que uma das rodas da carroça que carregava muito peso passou sobre a perna direita dele. Os tratamentos não surtiram efeito, e Miguel foi para Saragoça, numa viagem penosa, a fim de procurar um hospital mais bem-preparado para seu tratamento. Antes de ser internado, porém, foi à Igreja de Nossa Senhora do Pilar, atirou-se aos pés da Virgem Maria, recebeu o Sacramento da Penitência e participou da missa. No hospital, os médicos decidiram amputar a perna de Miguel. De acordo com as práticas vigentes naquela instituição, e conforme consta em seus arquivos, o membro amputado foi enterrado no cemitério do hospital. Condenado a viver como aleijado pelo resto de seus dias, Miguel passou a viver das esmolas que obtinha na porta da basílica de sua querida Virgem do Pilar. Em pouco tempo, o mendigo aleijado tornou-se muito conhecido pelos fiéis que frequentavam a igreja. Depois de 2 anos, Miguel decidiu voltar para casa. Despediu-se devotamente de Nossa Senhora e, segundo seu costume, untou com o azeite da lamparina do altar o extremo da perna amputada. Depois de um sofrido e longo percurso, recorrendo à caridade das pessoas com quem ele cruzava pelo caminho, chegou à casa de seus pais, onde foi recebido com muito carinho. Para ajudar a família, Miguel pedia esmolas na vizinhança e fazia alguns trabalhos domésticos.

Mas na noite de 29 de março de 1640, a vida do rapaz mudaria para sempre! Sua família foi escolhida para dar pernoite a um dos soldados da cavalaria que estavam em Calanda. Seus pais cederam o quarto de Miguel ao hóspede. Sendo assim, o jovem se dispôs a passar a noite sobre uma simples esteira, aos pés do leito dos pais. Como sempre fazia antes de dormir, ele rezou com fervor à Nossa Senhora do Pilar, e se deitou cedo, pois estava com muitas dores na região amputada. Antes de dormir, a mãe de Miguel, sempre cuidadosa e amorosa, foi verificar se seu filho estava bem-acomodado; e qual não foi sua surpresa ao sentir um suave perfume no quarto e ver, por baixo das cobertas, dois pés cruzados! Admirados, os pais logo acordaram Miguel, que dormia em sono profundo. Em êxtase profundo, o rapaz contou que sonhava estar na Santa Capela de Nossa

Senhora do Pilar untando a perna com o azeite da lamparina do altar e, por isso, estava certo de que a Virgem Maria a tinha recolocado no lugar.

A notícia logo se espalhou pela vizinhança, causando grande júbilo. Para maior espanto das pessoas, constatou-se na perna reposta por intercessão de Nossa Senhora a presença de várias cicatrizes que existiam antes da amputação, tornando evidente que se tratava do membro amputado de Miguel. Posteriormente, verificou-se que o pedaço da perna do jovem não se encontrava mais no cemitério do hospital.

Cinco dias depois do milagre, foi lavrada uma ata notarial, documento que atesta a veracidade dos fatos por meio das evidências verificadas pelo próprio notário, imparcialmente, e que se encontra no Arquivo da Prefeitura de Saragoça. Essa ata teve a finalidade de ser um instrumento comprobatório em processo judicial ou outros fins na esfera privada. Diante de tamanho milagre, a Família Pellicer partiu para a basílica a fim de render graças a Nossa Senhora do Pilar. Ali, o impacto causado pelo portento foi ainda maior, pois o antigo mendigo do Pilar era conhecido em quase toda a cidade. O acontecimento também repercutiu na corte espanhola, e o Rei Felipe IV quis conhecer pessoalmente o favorecido pela Virgem Santíssima.

O arcebispo local instaurou um rigoroso processo para analisar minuciosamente o fato admirável e, ao final, foi atestado seu caráter sobrenatural. Portanto, este foi um dos milagres mais documentados de toda a história da Igreja, desafiando os corações mais incrédulos.

Será que a resignação e a confiança inabalável de Miguel em Maria Santíssima pode nos ensinar algo em nossa caminhada de fé?

* * *

Depois de evangelizar várias localidades da Espanha, São Tiago voltou para Jerusalém e lá morreu martirizado.

Conforme a tradição, seus discípulos levaram o corpo de volta à Espanha para sepultá-lo na região de Compostela. Por este fato, Santiago de Compostela tornou-se um dos mais populares destinos de peregrinação do mundo inteiro.

Oração
Virgem Imaculada! Minha Mãe Maria! Eu vos renovo, hoje e para sempre, a consagração de todo o meu ser para que disponhais de mim para o bem de todas as pessoas. Somente vos peço, minha rainha e mãe da Igreja, força para cooperar fielmente na vossa missão de trazer o reino de Jesus ao mundo. Ofereço-vos, portanto, Coração Imaculado de Maria, as orações e os sacrifícios deste dia, para que, fiéis à nossa consagração, sejamos igualmente disponíveis a colaborar convosco na construção de um mundo novo. Ó Maria concebida sem pecado, rogai por nós que recorremos a vós, e por todos quantos recorrem a vós, de modo particular as famílias que vos veneram com o título de Senhora do Pilar. Amém!

Nossa Senhora do Santo Cinto

Qual o fiel que não se sentiria extasiado em poder deitar os olhos e tocar, mesmo que através de uma redoma como o fizeram os papas, um objeto que pertenceu à nossa Mãe Santíssima? Por uma delicadeza de Deus, nós temos por tradição que a Virgem Maria apareceu ao incrédulo São Tomé – que mais uma vez não estava presente em um momento importante, a Assunção de Nossa Senhora – e lhe entregou seu cinto. Lembre-se de que o apóstolo estava ausente também quando da aparição de Jesus ressuscitado e que, apesar do testemunho dos seus pares, ele não quis acreditar. Somente creu quando, após oito dias, Jesus apareceu novamente e ele pôde tocar-lhe as chagas.

Bem, mas vamos conhecer os detalhes dessa piedosa história do presente dado por Nossa Senhora a São Tomé. O sagrado cinto, única relíquia da Virgem Maria de que se tem conhecimento, está muito bem-guardada e pode ser vista no centro velho da Cidade de Prato, região da Toscana, na Itália.

No início do cristianismo, o Apóstolo Tomé viajava pelos extremos da Pérsia e da Índia para pregar o Evangelho. Segundo a bela tradição que chegou até nossos dias, ao saber que se aproximava a hora de sua morte, Nossa Senhora mandou reunir os apóstolos para se despedir de todos. Como Tomé estava em paragens longínquas, só chegou dias depois, quando a Virgem Maria já tinha sido elevada por Deus ao céu; e, cabeça dura, relutou em acreditar. Assim, ele pediu para que São Pedro abrisse o túmulo para ver com seus próprios olhos que a Mãe de Deus não se encontrava lá. São Tomé foi atendido e constatou que, no túmulo vazio, havia apenas uma grande quantidade de belas flores. Naquele mesmo instante ele elevou os olhos ao céu e viu Nossa Senhora, sorridente, vindo ao seu encontro rodeada de anjos. Ela desatou o cinto e o lançou docemente às mãos do apóstolo, com sua maternal bênção.

A partir daquele dia Tomé começou a levar o precioso cinto em suas pregações e realizou vários prodígios com a peça que ganhou de Maria. Um dos prodígios foi o encontro de uma viga que serviu para a construção de uma igreja em honra à Mãe Santíssima.

Aconteceu como se segue: Tomé estava na Índia e esbarrou com a resistência do rei e dos ministros, que não queriam lhe dar autorização para construir o templo, pois cultuavam outros deuses. Pela Providência Divina, uma viga colossal foi jogada na praia pela fúria das águas do mar. O rei logo pensou em usar o material para a construção de seu novo palácio. No entanto, nem os elefantes foram capazes de transportar a viga gigantesca. Vendo aquilo, Tomé se apresentou para retirá-la do local, desde que ele pudesse usar a peça para a construção da igreja. O rei, pensando ser impossível que Tomé realizasse sozinho aquele feito, consentiu. O apóstolo, atando o cinto de Nossa Senhora ao tronco, transportou-o sem dificuldades para o terreno onde ergueria o templo. Com a realização desse milagre, o rei e muitos de seus súditos se converteram.

Milagres

Os anos se passaram e, em 1141, a relíquia de Nossa Senhora chegou a Prato, trazida pelo habitante da cidade, Michele Dagomari, que havia estado na Terra Santa. Ele contou a um padre a história que cercava aquele objeto santo, mas quando a notícia se espalhou, ninguém deu muita importância. Apenas em 1173, o santo cinto teve sua autenticidade comprovada. Foi assim: na festa do padroeiro da cidade, Santo Estêvão, pela Providência Divina, a relíquia de Nossa Senhora foi colocada juntamente com as outras relíquias de santos sobre o altar, como era de costume. As peças sagradas serviam para abençoar os doentes e curar os endemoniados. No dia 26 de dezembro de 1173 trouxeram uma possessa para tocar na caixa que continha o sagrado cinto e imediatamente ela começou a gritar com insistência que aquele cinto era da Santíssima Virgem. No mesmo instante, a mulher ficou livre do maligno. Iniciou-se, então, o culto público à sagrada relíquia. Conta-se que São Francisco de Assis foi a Prato acompanhado de seus primeiros frades, em 1212, e venerou o cinto de Nossa Senhora. Muitos séculos antes, Santo Agostinho já havia criado a Confraria do Santo Cinto, até hoje existente entre os agostinianos.

Aqui cabe um adendo. A tradição já nos falava da Dormição de Nossa Senhora. Não obstante, hoje celebramos esse fato como dogma de fé; ou seja, uma verdade doutrinal. O Dogma da Assunção de Nossa Senhora ao céu em corpo e alma foi proclamado em 1950 pelo Papa Pio XII, por meio da Constituição Apostólica *Munificentissimus Deus*, nos seguintes termos: "A Imaculada Mãe de Deus, a sempre Virgem Maria, terminado o curso da vida terrestre, foi assunta em corpo e alma à glória celestial". A tradição aponta que Nossa Senhora se encontrava no Monte Sião quando de sua assunção; ou seja, do seu erguimento ao céu por Deus.

A relíquia é exposta cinco vezes ao ano: na Páscoa, em 1º de maio (Mês de Maria), 15 de agosto (Assunção de Nossa Senhora), 8 de dezembro (Imaculada Conceição) e no Natal. Nessas ocasiões o cinto sagrado é colocado no púlpito externo da Catedral de Prato para que um grande número de fiéis possa venerá-lo, já que o local se tornou um dos lugares de peregrinação mariana mais frequentados da Itália.

Com essa aparição surgiu o título *Nossa Senhora do Santo Cinto* e, como sempre, Maria toca corações e conquista almas para seu divino Filho, de muitas lindas formas. Dessa vez, foi com um sinal visível e muito bem-guardado pela Igreja Católica.

Oração
Ó doce Mãezinha do céu, que vos dignastes dar tão amorosamente essa sua relíquia para venerarmos aqui na terra, dai-nos a graça de crer que esse santo cinco nos foi entregue por vós por meio de São Tomé como sinal de que, por vossa onipotência suplicante, alcançaremos as graças necessárias para a venerarmos face a face um dia no céu. Afastai de nossa vida todas as paixões desordenadas e alcançai-nos sermos dóceis ao Espírito Santo, assim como a vós, e justos à semelhança de vosso castíssimo esposo São

José, para maior honra e glória de vosso divino Filho Jesus, que acalentastes na casinha de Nazaré. Amém!

Nossa Senhora do Rosário

A história deste título de Nossa Senhora faz referência direta ao próprio surgimento da devoção do Santo Rosário, no qual se meditam os mistérios da vida de Nosso Senhor Jesus Cristo. Em muitos países a palavra *rosário* faz alusão ao que, no Brasil, conhecemos como *terço*; ou seja, a meditação de cinco mistérios apenas. Já o rosário, para nós brasileiros, engloba todos os 20 mistérios, divididos em: gozosos, luminosos, dolorosos e gloriosos.

Vamos agora falar sobre essa maravilhosa aparição da Virgem Maria, que entregou o rosário a São Domingos de Gusmão. O rosário é uma forma de oração contemplativa que também remete à aparição de Nossa Senhora em Fátima. Lembremos que ela se apresentou como Nossa Senhora do Rosário e insistiu intensamente nesta devoção como forma de salvar o mundo.

Em 1214, a Igreja na França passava por um momento muito difícil por causa da heresia dos albigenses; ou seja, dos cátaros que tinham a Cidade de Albi, no Sul da França, como um dos seus principais centros. Mas quem eram os cátaros? Eles seguiam o dualismo oriental maniqueu, uma seita medieval segundo a qual a matéria é má e só o espírito é bom; portanto, não acreditavam que Deus criou o homem com a unidade do corpo e da alma. Os cátaros tinham igrejas e hierarquia próprias e eram contrários ao matrimônio, por exemplo, por acreditarem que a união entre homem e mulher tinha um caráter impuro. Os membros dessa seita usavam de violência, ofendendo não somente a fé cristã, mas também a ordem pública. Posteriormente, eles foram reprimidos por uma cruzada.

Naquela época, o frade espanhol Domingos de Gusmão, com 44 anos de idade, sente-se chamado a pregar para os bárbaros. Então, parte para Roma em peregrinação a fim de buscar a autorização do Papa Inocêncio III. Porém, o pontífice o envia ao sul da França para pregar o Evangelho justamente aos albigenses, entregando-lhe a missão de acabar com aquela heresia. Ele se dedicou inteiramente à missão, fazendo pregações incansáveis e rezando com perseverança a Deus pela conversão e salvação das almas. Agregadas às suas orações, as penitências de Domingos eram constantes. Vendo que as conversões eram poucas e frágeis, o frade resolve se embrenhar numa floresta próxima a Toulouse para se concentrar tão somente na oração, penitência e jejum, disposto a não mais sair dali enquanto não recebesse uma resposta às suas súplicas. Foram três dias e três noites de insistentes súplicas e, quando suas forças físicas já se esvaíam, Nossa Senhora aparece a Domingos dizendo: "Sabes, meu querido Domingos, de que arma a Santíssima Trindade se serviu para reformar o mundo?" Ele responde: "Ó Senhora! Vós o sabeis melhor do que eu, porque, depois de vosso Filho, Jesus Cristo, fostes o principal instrumento de nossa Salvação!" Nossa Senhora prossegue: "Saiba que a peça principal foi a saudação angélica [palavras do Arcanjo Gabriel a Nossa Senhora no dia da anunciação), fundamento do Novo Testamento. Se queres, portanto, ganhar esses corações endurecidos para Deus, reza o meu saltério".

Naquele instante, Nossa Senhora mostra a ele o Santo Rosário com 150 Ave-Marias, que ficou conhecido como o "saltério da Virgem Maria ou saltério angélico", em referência aos 150 salmos da Bíblia, que eram rezados diariamente pelos monges. A *corda com contas* é apresentada a São Domingos por Maria como sendo o meio seguro e eficaz para a salvação do mundo.

Milagres

Com novo ânimo, o frade correu para a Catedral de Toulouse com o intuito de contar ao povo a boa-nova desta devoção do rosário. Para espanto de todos, os sinos começaram a soar sozinhos no exato momento em que Domingos entrava na igreja. Outro grande sinal que deu testemunho da veracidade das palavras dele veio dos céus, pois começou uma grande tempestade assim que o frade iniciou sua pregação; os trovões eram fortes e ruidosos, houve raios e até um tremor de terra. E não foi só isso! Todos os que estavam na igreja viram a imagem de Nossa Senhora levantar os braços por três vezes, levando a crer que era uma forma de pedir a justiça de Deus. São Domingos intercedeu por eles e, pregando, implorou a misericórdia de Deus com as preces do Santo Rosário. Em seguida, a tormenta cessou, e ele pôde falar calmamente sobre as maravilhas que escutou da boca de Maria a respeito da oração do rosário.

No momento em que Domingos terminou a pregação, a grande maioria das pessoas que estavam no templo se arrependeu dos seus pecados e começou a rezar o rosário. A mudança do comportamento do povo foi surpreendente, e São Domingos, maravilhado com a graça alcançada, passou a propagar essa devoção como oração diária. A devoção ganhou apoio dos católicos que não sabiam ler e queriam, de alguma maneira, imitar os monges na meditação e recitação de orações sequenciais.

São Domingos de Gusmão é o fundador da Ordem dos Pregadores, cujos membros são conhecidos como os frades dominicanos. Com a criação da ordem religiosa e a persistente recitação do rosário pela conversão dos inimigos da Igreja, o santo foi conquistando o coração dos hereges.

A Igreja conferiu a São Domingos o título de Apóstolo do Santo Rosário. Recordemos que o papa havia mandado vários missionários para combater os hereges, mas eles não obtiveram sucesso; somente São Domingos, valendo-se dessa devoção, conseguiu esse feito. Foi um período em que houve muitas conversões e os católicos começaram a rezar com força e fé ardente o saltério da Virgem Maria. No entanto, com o passar do tempo, a devoção foi caindo no esquecimento pelo comodismo dos fiéis, sendo deixada de lado por muitos.

No século XV foi necessária uma outra intervenção divina para reavivar no coração dos católicos a devoção ao Santo Rosário, que não é uma simples repetição de orações, mas a contemplação da vida de Jesus. Desta vez, coube ao Beato Alano de La Roche, presbítero e missionário dominicano, agir e voltar a propagar largamente essa oração mariana, essencialmente cristocêntrica. A Virgem Maria apareceu a Alano três vezes. Ele rezava diariamente o rosário e era atormentado por demônios. Numa das vezes, o sacerdote pensou em tirar a vida porque não aguentava mais os açoites do maligno. Nossa Senhora, então, foi até ele e lhe disse: "Que estás fazendo, infeliz? Se tivesses pedido minha ajuda, como fizeste outras vezes, não terias incorrido em perigo tão grande!" Tendo dito isso, desapareceu. Depois dessa aparição, as tentações continuaram. Numa noite desesperadora, Alano implorou a ajuda da Virgem Mãe, e pela segunda vez ela o visitou. Uma luz ofuscante, entre a décima e a undécima hora, iluminou sua cela e majestosamente apareceu a Virgem Maria, saudando-o com extrema ternura. Como verdadeira mãe, Nossa Senhora curvou-se para tratar das enfermidades do pobre homem. Pendurou ao seu pescoço uma corrente feita de seus cabelos, da qual pendiam 150 pedras preciosas, entremeadas por outras 15, o número de seu rosário. Maria travou um pacto não apenas com ele, mas também, de modo espiritual e invisível, com todos os que rezavam devotamente o rosário.

O beato Alano dedicou sua vida a difundir o rosário e a conquistar muitas almas para Deus. Ele foi o responsável por alterar o saltério, dividindo-o em três terços. Inspirado pela Mãe de Deus, Alano criou as agrupações de 50 recitações da Ave-Maria, conhecidas como Mistérios gozosos, Mistérios dolorosos e Mistérios gloriosos. Acrescentou também a oração do Pai-nosso no início de cada dezena. Surgia, assim, o rosário como nós o conhecemos hoje, com a diferença da inclusão recente dos Mistérios luminosos por São João Paulo II, durante seu pontificado. Houve uma terceira aparição em 1464, quando Nossa Senhora revelou e pediu a Alano para divulgar ao mundo as 15 promessas para os que rezarem o rosário. Aqui estão algumas delas:

- A todos os que rezarem meu rosário com devoção, prometo minha proteção especial e grandíssimas graças.
- Quem se confia a mim por meio do rosário não perecerá.
- Quem rezar meu rosário com devoção, meditando seus mistérios, não será oprimido pela desgraça. Pecador, se converterá; justo, crescerá em graças e se tornará digno da vida eterna.
- Aqueles que rezam meu rosário encontrarão durante sua vida e em sua morte a luz de Deus e a plenitude de suas graças, e participarão dos méritos dos bem-aventurados.

O relato acima foi revelado na obra de Alano de La Roche intitulada *Apologia do rosário de Maria*. Nossa Senhora teria dito ao beato que seriam necessários volumes imensos para registrar todos os milagres obtidos por meio do terço/rosário.

A Festa de Nossa Senhora do Rosário é celebrada no dia 7 de outubro, dia da vitória dos cristãos na Batalha de Lepanto, na Grécia. O feito foi atribuído a Nossa Senhora, pois nesse dia foi feita uma procissão na Praça São Pedro, no Vaticano, pedindo a intercessão de Maria para vencer os muçulmanos que almejavam subjugar a Europa. O Papa Pio V, hoje santo da Igreja, convocou a Cristandade para rezar o Santo Rosário. Uma esquadra foi formada pelos países católicos e, quando os soldados estavam diante da poderosa esquadra otomana no Golfo de Lepanto, mesmo com a superioridade numérica e bélica dos adversários, os cristãos venceram a batalha afastando definitivamente o risco de uma invasão. Soldados e marinheiros rezavam diariamente o Santo Rosário com grande devoção e alcançaram a vitória pela onipotência suplicante de Maria em seu favor, realizando o que era humanamente impossível no dia 7 de outubro de 1571. Há informações de que havia um sacerdote presente em cada navio da esquadra. No século XVIII, para comemorar a vitória da Cristandade sobre o Exército Otomano, o Papa Clemente XII ordenou que a Festa de Nossa Senhora do Rosário fosse celebrada no mundo inteiro.

A palavra rosário quer dizer roseiral. Para os devotos do Santo Rosário, refere-se ao oferecimento a Nossa Senhora de uma rosa a cada Ave-Maria que se reza com carinho e ardor no coração. No rosário completo oferecemos um buquê de duzentas rosas à Virgem Maria. A respeito do rosário os papas atestam: "[ele] é o meio que nos dá a Virgem para contemplar Jesus e, meditando sua vida, amá-lo e segui-lo sempre fielmente" (Bento XVI). "Se os fiéis meditarem devotamente e contemplarem, na ordem devida, esses augustos mistérios, obterão uma ajuda poderosa, quer para alimentar sua fé e preservá-la da ignorância e do contágio dos erros, quer para elevar e fortalecer o vigor de seu espírito" (Leão XIII, Encíclica *Octobri Mense*, 15). "Não hesitamos em afirmar de público que depositamos grande esperança no rosário de Nossa Senhora como remédio dos males do nosso tempo" (Pio XII, Encíclica *Ingruentium Malorum*).

Segundo São Luís Maria Grignion de Montfort estes são os benefícios da recitação do Santo Rosário: eleva-nos gradualmente ao conhecimento cada vez mais perfeito de Jesus Cristo; purifica nossa alma, lavando-a do pecado; dá-nos vitória sobre nossos inimigos; facilita-nos a prática das virtudes; queima-nos com o fogo do amor por Nosso Senhor; enriquece-nos de graças e méritos; supre-nos com o que é preciso para pagar nossas dívidas para com Deus e para com nosso próximo; obtém todas as espécies de graças de Deus para nós.

A oração do terço foi sendo aprimorada pela ação do Espírito Santo na Igreja, chegando à fórmula que conhecemos hoje.

Oração

Inicia-se o terço ou o rosário completo com o Sinal da cruz e Em nome do Pai...

Oferecimento: Divino Jesus, nós vos oferecemos este terço (rosário) que vamos rezar, meditando nos mistérios de nossa redenção. Concedei-nos por intercessão da Virgem Maria, vossa e nossa terna Mãe, as virtudes que nos são necessárias para bem rezá-lo e a graça de ganharmos as indulgências desta santa devoção. Oferecemos, particularmente, em desagravo dos pecados cometidos contra o vosso Sagrado Coração e o Imaculado Coração de Maria; pela paz no mundo, pela Santa Igreja, pelas intenções do Santo Padre; pelo aumento e santificação do clero; pela santificação das famílias; pela conversão dos pecadores; pelos doentes; pelos agonizantes; pelas almas do purgatório; e por nossas intenções particulares.

Pausa para fazer os pedidos. Em seguida, rezam-se 1 Pai-nosso em honra à Santíssima Trindade, 3 Ave-Marias, em honra a Deus Pai, a Deus Filho e a Deus Espírito Santo, respectivamente, o Glória e, geralmente, as duas jaculatórias a seguir:

- Ó meu Jesus, perdoai-nos, livrai-nos do fogo do inferno, levai as almas todas para o céu e socorrei principalmente as que mais precisarem.
- Ó Maria concebida sem pecado, rogai por nós, que recorremos a vós.

Pode-se invocar os santos de devoção ou o auxílio de toda a corte celeste. Em seguida, inicia-se a contemplação dos mistérios (detalhados no capítulo especial, logo abaixo).

Depois do enunciado, que pode ser acompanhado ou não de uma breve meditação sobre cada mistério da vida de Jesus, rezam-se 1 Pai-nosso e 10 Ave-Marias.

Após o último mistério, agradecemos à Virgem Maria e rezamos a Salve-Rainha:

Agradecimento – Infinitas graças vos damos, Soberana Rainha, pelos benefícios que todos os dias recebemos de vossas mãos liberais. Dignai-vos agora e para sempre, tomar-nos debaixo do vosso poderoso amparo e, para mais vos implorar e agradecer, vos saudamos com uma Salve-Rainha!

Capítulo especial: rosário, oração de um povo

Pe. Enio Marcos

Já li e ouvi muitas histórias sobre a oração do rosário e dos terços em família. Já participei de um grupo de adolescentes que se reunia sempre para rezar o terço usando uma rosa que passava de mão em mão, e assim, cada adolescente, em posse da rosa, rezava uma Ave-Maria. Nesses tempos de pandemia da Covid-19, inúmeros grupos foram formados mundo afora para rezar usando as redes sociais. Pude participar virtualmente de algumas recitações do terço com pessoas que moravam em países e até em continentes diferentes.

Durante um encontro em São Paulo rezei o terço com um grupo de casais de Singapura e, em seguida, reuni-me com amigas do Brasil que manifestaram o desejo de escrever sobre Nossa Senhora, a Mãe de tantos nomes, mas que é uma só: Maria de Nazaré, a Mãe de Jesus, a quem cada povo ao seu modo resolveu dar um título carinhoso; assim surgiram os muitos títulos de Nossa Senhora.

Meu pai rezava o rosário todos os dias. Ao acordar, ele rezava um mistério; pelo meio da manhã, ia até uma capela próxima à nossa casa e rezava mais um mistério; ao meio da tarde, mais um mistério; e quando o então Papa João Paulo II instituiu os Mistérios luminosos, meu pai encerrava o dia com esta recitação, completando assim o seu rosário. Havia tanta intimidade entre meu pai e o Pai do céu, que eu tenho certeza de que entre os dois se desenvolviam profundos diálogos, enquanto meu pai daqui ia rezando ao Pai de lá.

Muita catequese já foi realizada por meio da oração do rosário. Um amigo especial, Pe. Silas, disse-me que sua avó reunia os netos para rezar e, a cada mistério, com um jeito simples, ela ia ensinando aos netos o ministério da acolhida, do amor ao próximo; é impressionante como vejo essas marcas em meu amigo. A oração da avó com os netos ao redor formou o caráter de um grande sacerdote.

As meditações do rosário

A oração do rosário em suas frações, que nos habituamos a chamar de terço, é uma oração pautada na Palavra de Deus, um grande passeio pelas escrituras no que elas dizem da vida de Jesus, desde a concepção até a vinda do Espírito Santo sobre os apóstolos reunidos com Maria Santíssima no Dia de Pentecostes.

Por isso, começamos a rezar o terço com o Creio, 1 Pai-nosso e as 3 contas onde são recitadas 3 Ave-Marias em louvor à Santíssima Trindade. Encerramos com a Salve-Rainha, oração singela que está próxima de completar 1000 anos[5].

Ao rezarmos o rosário nós contemplamos as passagens da vida e do ministério de Jesus, além de alguns elementos da tradição cristã católica que falam de Nossa Senhora. O rosário se dividia em três grupos de mistérios; por isso, entrou para a piedade a expressão terço, quando se rezava apenas um grupo. A partir do pontificado do Papa São João Paulo II foi instituído um quarto grupo de mistérios, mas a nomenclatura *terço* não foi mudada, embora ele seja hoje *um quarto* do rosário que nós rezamos.

Os quatros grupos de mistérios
1) Mistérios gozosos

Ao rezarmos os Mistérios gozosos, também chamados de Mistérios da alegria, nos deparamos com o início da vida de Jesus. Podemos encontrar as passagens bíblicas destes mistérios naqueles que são chamados evangelhos da infância de Jesus, situados em Mateus e Lucas.

Primeiro mistério gozoso

No primeiro mistério gozoso contemplamos a anunciação do Anjo Gabriel à Virgem Maria: a encarnação do Divino Verbo, Jesus Cristo, Nosso Senhor.

Encontramos sua fonte no Evangelho de Lucas: "No sexto mês, o Anjo Gabriel foi enviado da parte de Deus para uma cidade da Galileia chamada Nazaré, a uma virgem prometida em casamento a um homem chamado José, da casa

---

5 Normalmente os historiadores apontam o monge alemão beneditino Herman Contrat como autor da oração Salve Rainha, que teria sido composta em 1050, tempo de crises, pestes e calamidades.

de Davi. O nome da virgem era Maria. Entrando onde ela estava, o anjo lhe disse: 'Alegra-te, cheia de graça, o Senhor está contigo!'" (Lc 1,26-28).

Nesta passagem também se encontra a riqueza da mensagem do Anjo Gabriel, que nos faz compreender que o rosário é uma oração divina, porque composta pelo Pai e Filho e Espírito Santo. O anjo é enviado pelo Pai e fala em nome dele, e diz a Maria: "Ave Maria cheia de graça, o Senhor é contigo". Aqui está o início da primeira parte da oração que nós rezamos duzentas vezes ao longo do rosário ou cinquenta vezes a cada terço. Portanto, o anjo fala em nome de Deus Pai esta primeira parte da Ave-Maria, que nós repetimos com tanto carinho.

Segundo mistério gozoso

No segundo mistério gozoso contemplamos a visita de Maria à sua prima Isabel. Aqui a fonte também é Lucas: "Naqueles dias, Maria se pôs a caminho e foi apressadamente às montanhas para uma cidade de Judá. Entrou em casa de Zacarias e saudou Isabel. Aconteceu que, mal Isabel ouviu a saudação de Maria, a criança saltou em seu ventre; e Isabel, cheia do Espírito Santo, exclamou em voz alta: 'Bendita és tu entre as mulheres e bendito é o fruto do teu ventre! Donde me vem a honra que a mãe do meu Senhor venha a mim?' Maria ficou com Isabel uns três meses e voltou para casa (Lc 1,39-43.56).

Já nesta segunda metade da primeira parte da oração da Ave-Maria encontramos a fala de Isabel, que está cheia do Espírito Santo e diz em nome dele: "Bendita és tu entre as mulheres *e* bendito é o fruto do teu ventre". Assim, ao rezarmos a oração da Ave-Maria, na sua primeira parte estamos repetindo o mandato do Pai e do Espírito Santo; e ao rezarmos a segunda parte estamos colocando em prática o exercício da fé, pois somos convidados a rezar uns pelos outros, e pedimos a Nossa Senhora, que nos ensina este mandato, que interceda por nós agora e na hora do nosso grande encontro com Deus: a hora de nossa morte. Lembramos também de um dogma fundamental da fé cristã: Jesus é verdadeiramente homem e verdadeiramente Deus, e por isso pedimos: "Santa Maria, Mãe de Deus, rogai por nós, pecadores, agora e na hora de nossa morte. Amém".

Já a oração do Pai-nosso, que também compõe o rosário, nos é ensinada pelo próprio Filho, a segunda Pessoa da Santíssima Trindade, quando os apóstolos pedem a Ele para que lhes ensine a rezar.

Lucas ainda nos mostra Maria permanecendo na casa de Isabel por três meses, o mesmo período em que a arca ficou na casa de Obed-Edom (2Sm 6,11). Dessa forma, Lucas nos apresenta Maria como a Arca da Nova Aliança.

Terceiro mistério gozoso
No terceiro mistério gozoso contemplamos o nascimento de Jesus em Belém.

A fonte desta passagem está no evangelho da infância, tanto de Mateus quanto de Lucas: "Naqueles dias saiu um decreto do Imperador Augusto ordenando o recenseamento do mundo inteiro. Este foi o primeiro recenseamento no governo de Quirino na Síria. Todos iam registrar-se, cada um em sua cidade. Também José subiu da Galileia, da cidade de Nazaré para a Judeia, à cidade de Davi, chamada Belém, porque era da família e da descendência de Davi, para se registrar com Maria, sua esposa, que estava grávida. Estando eles ali, completaram-se os dias para o parto, e ela deu à luz o seu filho primogênito. Envolveu-o em panos e o deitou numa manjedoura, por não haver lugar na sala dos hóspedes" (Lc 2,1-7). "Tendo nascido Jesus em Belém da Judeia no tempo do Rei Herodes, alguns magos do Oriente chegaram a Jerusalém e perguntaram: 'Onde está o rei dos judeus, que acaba de nascer? Vimos sua estrela no Oriente e viemos adorá-lo'. Ao ouvir isso, o Rei Herodes ficou alarmado e com ele toda Jerusalém. Reuniu todos os sumos sacerdotes e os escribas do povo, e começou a perguntar-lhes onde deveria nascer o Cristo. "Em Belém da Judeia [responderam eles, pois assim foi escrito pelo profeta: 'E tu, Belém, terra de Judá, de forma alguma és a menor das sedes distritais de Judá, porque de ti sairá um chefe que apascentará meu povo Israel'" (Mt 2,1-6).

Quarto mistério gozoso
No quarto mistério gozoso contemplamos a apresentação de Jesus no templo e a purificação de Maria, sua mãe.

Este relato nos é apresentado pelo Evangelista Lucas: "Completados que foram os oito dias para ser circuncidado o menino, foi-lhe posto o nome de Jesus, como lhe tinha chamado o anjo, antes de ser concebido no seio materno. Concluídos os dias da sua purificação, segundo a Lei de Moisés, levaram-no a Jerusalém para apresentá-lo ao Senhor, conforme o que está escrito na Lei do Senhor: 'Todo primogênito do sexo masculino será consagrado ao Senhor' (Ex 13,2); e para oferecerem o sacrifício prescrito pela Lei do Senhor, um par de rolas ou dois pombinhos" (Lc 2,21-24).

No tempo da pandemia, muito se falou sobre a importância do templo e, quando nós olhamos para a prática de Jesus, percebemos que Ele era assíduo ao templo e às sinagogas desde o seu nascimento. A fé deve ser vivida e partilhada em comunidade. Quando na Guerra dos Setenta o templo de Jerusalém foi destruído, muito se discutiu sobre o lugar do encontro com o Senhor, já que toda a vida da comunidade estava ligada ao templo. Aconteceu então, por volta do ano 110, na cidade de Jamnia, um concílio judaico no qual ficou estabelecido que "lá onde pulsar um coração fiel, Deus sempre estará presente". Já os cristãos creem que onde dois ou mais estiverem reunidos em nome de Deus (Mt 18,20) e partilharem o pão (Lc 24,30), o próprio Deus se fará presente.

Quinto mistério gozoso

No quinto mistério gozoso contemplamos a perda e o encontro de Jesus em Jerusalém, entre os doutores da lei.

Este último mistério gozoso nos é relatado por Lucas: "Seus pais iam todos os anos a Jerusalém para a festa da Páscoa. Tendo Ele atingido doze anos, subiram a Jerusalém, segundo o costume da festa. Acabados os dias da festa, quando voltavam, ficou o Menino Jesus em Jerusalém, sem que seus pais percebessem. Pensando que Ele estivesse com os seus companheiros de comitiva, andaram o caminho de um dia e o buscaram entre os parentes e conhecidos. Mas não o encontrando, voltaram a Jerusalém, à procura dele. Três dias depois o acharam no templo, sentado no meio dos doutores, ouvindo-os e interrogando-os. Todos os que o ouviam estavam maravilhados com a sabedoria de suas respostas" (Lc 2,41-47). Assim, mais uma vez, podemos perceber a importância do templo para Jesus e sua família.

2) Mistérios luminosos

Os mistérios do rosário retratavam a infância de Jesus, sua paixão, morte e ressurreição. Depois de muitos séculos houve um acréscimo feito pelo Santo Papa João Paulo II, na sua Carta Apostólica *Rosarium Virginis Mariae*[6], de 16 de outubro de 2002. Ele inseriu os mistérios da vida pública de Jesus naqueles que são chamados Mistérios luminosos.

---

6 Disponível em www.vatican.va/content/john-paul-ii/pt/apost_letters/2002/documents/hf_jp-ii_apl_20021016_rosarium-virginis-mariae.html

Primeiro mistério luminoso

No primeiro mistério luminoso contemplamos o Batismo de Jesus no Rio Jordão. Podemos acompanhar as leituras dos evangelhos sinóticos que falam do Batismo de Jesus realizado por seu primo João nas águas do Rio Jordão: "Da Galileia foi Jesus ao Jordão ter com João, a fim de ser batizado por ele. João recusava-se: 'Eu devo ser batizado por ti e Tu vens a mim!' Mas Jesus lhe respondeu: 'Deixa por agora, pois convém cumprirmos a justiça completa'. Então, João cedeu. Depois que Jesus foi batizado, saiu logo da água. Eis que os céus se abriram e viu descer sobre Ele, em forma de pomba, o Espírito de Deus. E do céu baixou uma voz: 'Eis meu Filho muito amado em quem ponho minha afeição'" (Mt 3,13-17). "Ora, naqueles dias veio Jesus de Nazaré, da Galileia, e foi batizado por João, no Jordão. No momento em que Jesus saía da água, João viu os céus abertos e descer o Espírito em forma de pomba sobre Ele. E ouviu-se dos céus uma voz: 'Tu és o meu Filho muito amado; em ti ponho minha afeição'" (Mc 1,9-11). "Quando todo o povo ia sendo batizado, também Jesus o foi. E estando Ele a orar, o céu se abriu e o Espírito Santo desceu sobre Ele em forma corpórea, como uma pomba; e veio do céu uma voz: 'Tu és o meu Filho bem-amado; em ti ponho minha afeição'" (Lc 3,21-22).

Os evangelhos sinóticos mostram claramente a humildade de Jesus, que, não tendo pecado, se fez pecado por nós (2Cor 5,21) e assumiu o batismo pregado por João para que nós pudéssemos viver o nosso batismo como discípulos dele.

Segundo mistério luminoso

No segundo mistério luminoso contemplamos o milagre das Bodas de Caná, quando, a pedido de sua bendita Mãe, Jesus transforma água em vinho. Este mistério também é chamado de "a autorrevelação de Jesus": "Três dias depois celebravam-se bodas em Caná da Galileia, e achava-se ali a Mãe de Jesus. Também foram convidados Jesus e os seus discípulos. Como viesse a faltar vinho, a Mãe de Jesus disse-lhe: 'Eles já não têm vinho'. Respondeu-lhe Jesus: 'Mulher, isso compete a nós? Minha hora ainda não chegou'. Disse, então, sua mãe aos serventes: 'Fazei o que Ele vos disser'. Ora, achavam-se ali seis talhas de pedra para as purificações dos judeus, que continham cada qual duas ou três medidas. Jesus ordena-lhes: 'Enchei as talhas de água'. Eles encheram-nas até em cima. 'Tirai agora [disse-lhes Jesus] e levai ao chefe dos serventes'. E levaram. Logo que o chefe dos serventes provou da água tornada vinho, não sabendo de onde era (se bem que o soubessem os serventes, pois tinham tirado a água), chamou o noivo e disse-lhe: 'É costume servir primeiro o vinho bom e, depois, quando os convidados já estão quase embriagados, servir o menos bom. Mas tu guardaste o vinho melhor até agora'. Esse foi o primeiro milagre de Jesus. Manifestou a sua glória, e os seus discípulos creram nele" (Jo 2,1-11).

Este mistério nos aponta para algo muito profundo na relação de Jesus com sua mãe. O Evangelho de João nos fala de sete sinais realizados por Jesus, e nós sabemos que a hora de Jesus, para João, seria a hora da cruz, quando Ele manifestou todo o seu amor: "Tendo amado os seus que estavam no mundo, amou-os até o fim" (Jo 13,1). Porém, João mostra que, nas Bodas de Caná, Jesus já começou a manifestar a sua glória ao atender ao pedido de sua mãe.

Terceiro mistério luminoso

No terceiro mistério luminoso contemplamos Jesus que anuncia o Reino de Deus e convida todos à conversão.

Outra vez, tomamos as leituras dos evangelhos sinóticos; todos eles relatam que, após ser batizado por João, Jesus voltou para a Galileia e começou a anunciar o Reino de Deus:

"Quando, pois, Jesus ouviu que João fora preso, retirou-se para a Galileia. Deixando a cidade de Nazaré, foi habitar em Cafarnaum, à margem do lago, nos confins de Zabulon e Neftali, para que se cumprisse o que foi dito pelo Profeta Isaías: 'A terra de Zabulon e de Neftali, região vizinha ao mar, a terra além do Jordão, a Galileia dos gentios; este povo, que jazia nas trevas, viu resplandecer uma grande luz; e surgiu uma aurora para os que jaziam na região sombria da morte' (Is 9,1). Desde então, Jesus começou a pregar: 'Fazei penitência, pois o Reino dos Céus está próximo'" (Mt 4,12-17). "Depois que João foi preso, Jesus dirigiu-se para a Galileia. Pregava o Evangelho de Deus, e dizia: 'Completou-se o tempo e o Reino de Deus está próximo; fazei penitência e crede no Evangelho'" (Mc 1,14-15). "Jesus, então, cheio da força do Espírito, voltou para a Galileia. E a sua fama divulgou-se por toda a região. Ele ensinava nas sinagogas e era aclamado por todos" (Lc 4,14-15).

Toda a ação de Jesus se pautou no anúncio do Reino; suas obras também apontavam para o mesmo Reino, mediante a cura e o perdão, devolvendo aos homens e às mulheres a dignidade de filhos e filhas de Deus.

Quarto mistério luminoso
No quarto mistério luminoso contemplamos a transfiguração de Jesus no Monte Tabor.

Este mistério também é relatado nos sinóticos e ainda na Segunda carta de Pedro: "Seis dias depois, Jesus tomou consigo Pedro, Tiago e João, seu irmão, e conduziu-os à parte a uma alta montanha. Lá se transfigurou na presença deles: seu rosto brilhou como o sol, suas vestes tornaram-se resplandecentes de brancura. E eis que apareceram Moisés e Elias conversando com Ele. Pedro tomou, então, a palavra e disse-lhe: 'Senhor, é bom estarmos aqui. Se queres, farei aqui três tendas: uma para ti, uma para Moisés e outra para Elias'. Falava ele ainda quando veio uma nuvem luminosa e os envolveu. E daquela nuvem fez-se ouvir uma voz que dizia: 'Eis o meu Filho muito amado, em quem pus toda a minha afeição; ouvi-o'. Ouvindo esta voz, os discípulos caíram com a face por terra e tiveram medo. Mas Jesus aproximou-se deles e os tocou, dizendo: 'Levantai-vos e não temais'. Eles levantaram os olhos e não viram mais ninguém, senão unicamente Jesus. E, quando desciam, Jesus lhes fez esta proibição: 'Não conteis a ninguém o que vistes, até que o Filho do Homem ressuscite dos mortos'" (Mt 17,1-9). "Seis dias depois, Jesus tomou consigo Pedro, Tiago e João, e conduziu-os a sós a um alto monte. E transfigurou-se diante deles. Suas vestes tornaram-se resplandecentes e de uma brancura tal, que nenhum lavadeiro sobre a terra as pode fazer assim tão brancas. Apareceram-lhes Elias e Moisés, e falavam com Jesus. Pedro tomou a palavra: 'Mestre, é bom para nós estarmos aqui; faremos três tendas: uma para ti, outra para Moisés e outra para Elias'. Com efeito, não sabia o que falava, porque estavam sobremaneira atemorizados. Formou-se então uma nuvem que os encobriu com a sua sombra; e da nuvem veio uma voz: 'Este é o meu Filho muito amado; ouvi-o'. E olhando eles logo em derredor, já não viram ninguém, senão somente Jesus com eles. Ao descerem do monte, proibiu-lhes Jesus que contassem a quem quer que fosse o que tinham visto, até que o Filho do Homem houvesse ressurgido dos mortos. E guardaram esta recomendação consigo, perguntando entre si o que significaria: 'Ser ressuscitado dentre os mortos'" (Mc 9,2-10). "Passados uns oito dias, Jesus tomou consigo Pedro, Tiago e João, e subiu ao monte para orar. Enquanto orava, transformou-se o seu rosto, e as suas vestes tornaram-se resplandecentes de brancura. E eis que falavam com Ele dois personagens; eram Moisés e Elias, que apareceram envoltos em glória, e falavam da morte dele, que se havia de cumprir em Jerusalém. Entretanto, Pedro e seus companheiros tinham-se deixado vencer pelo sono; ao despertarem, viram a glória de Jesus e os dois personagens em sua companhia. Quando estes se apartaram de Jesus, Pedro disse: 'Mestre, é bom estarmos aqui. Podemos levantar três tendas: uma para ti, outra para Moisés e outra para Elias!' Ele não sabia o que dizia. Enquanto ainda assim falava, veio uma nuvem e encobriu-os com a sua sombra; e os discípulos, vendo-os desaparecer na nuvem, tiveram um grande pavor. Então, da nuvem saiu uma voz: 'Este é o meu Filho muito amado; ouvi-o!' E, enquanto ainda ressoava esta voz, achou-se Jesus sozinho. Os discípulos calaram-se e a ninguém disseram naqueles dias coisa alguma do que tinham visto" (Lc 9,28-36). "Na realidade, não é baseando-nos em hábeis fábulas imaginadas que nós vos temos feito conhecer o poder e a vinda de Nosso Senhor Jesus Cristo, mas por termos visto a sua majestade com nossos próprios olhos. Porque Ele recebeu de Deus Pai honra e glória, quando do seio da glória magnífica lhe foi dirigida esta voz: 'Este é o meu Filho muito amado, em quem tenho posto todo o meu afeto'. Essa mesma voz que vinha do céu nós a ouvimos, quando estávamos com Ele no monte santo" (2Pd 1,16-18).

Jesus estava subindo com seus discípulos para Jerusalém, Ele sabia que estava marcado para a morte por tudo aquilo que pregava e fazia. Então, Ele mostrou na montanha que a vida é sempre vencedora e que a cruz é transitória. Por isso, foi transfigurado diante dos seus discípulos.

Quinto mistério luminoso
No quinto mistério luminoso contemplamos a instituição da Eucaristia na Santa Ceia.

Também este mistério é amplamente relatado nas Sagradas Escrituras: "Durante a refeição, Jesus tomou o pão, benzeu-o, partiu-o e o deu aos discípulos, dizendo: 'Tomai e comei, isto é meu corpo'. Tomou depois o cálice, rendeu graças e deu-lhes, dizendo: 'Bebei dele todos, porque isto é meu sangue, o sangue da Nova Aliança, derramado por muitos homens em remissão dos pecados. Digo-vos: doravante não beberei mais desse fruto da vinha até o dia em que o beberei de novo convosco no Reino de meu Pai'" (Mt 26,26-29). "Enquanto comiam, Jesus tomou um pão e pronunciou a bênção. Depois partiu o pão e deu-lhes dizendo: 'Tomai, isto é o meu corpo'. Em seguida, tomando um cálice, depois de dar graças, entregou-lhes, e todos beberam. Ele lhes disse: 'Isto é o meu sangue da Aliança, derramado por muitos. Eu vos asseguro: já não beberei do fruto da videira até o dia em que beberei vinho novo no Reino de Deus'" (Mc 14,22-25). "Chegada que foi a hora, Jesus pôs-se à mesa, e com Ele os apóstolos. Disse-lhes: 'Tenho desejado ardentemente comer convosco esta Páscoa, antes de sofrer. Pois vos digo: não tornarei a comê-la até que ela se cumpra no Reino de Deus'. Pegando o cálice, deu graças e disse: 'Tomai este cálice e distribuí-o entre vós. Pois vos digo: já não tornarei a beber do fruto da videira até que venha o Reino de Deus'. Tomou em seguida o pão e depois de ter dado graças, partiu-o e deu-lhes, dizendo: 'Isto é o meu corpo, que é dado por vós; fazei isto em memória de mim'. Do mesmo modo tomou também o cálice, depois de cear, dizendo: 'Este cálice é a Nova Aliança em meu sangue, que é derramado por vós'" (Lc 22,14-20).

Além dos relatos dos Evangelhos podemos ainda encontrar a instituição da Eucaristia em 1Cor 11,23-29. O Evangelho de São João, embora não use as palavras *instituição da Eucaristia*, apresenta-nos a ceia de Jesus, na qual Ele institui o mandamento do amor, o sacerdócio e lavou os pés dos seus discípulos para nos ensinar que a Eucaristia não está desvinculada do amor e do serviço.

3) Mistérios dolorosos

Nos Mistérios dolorosos a Igreja nos ajuda a rezar e contemplar os momentos cruciais da paixão de Jesus no seu amor pela humanidade. Usando a expressão de Paulo em Fl 2 percebemos que Jesus se esvaziou plenamente por amor a nós; fez-se homem e foi obediente até à morte, e morte de cruz. Assim sendo, podemos perceber que os Mistérios dolorosos nos convidam a pensar em toda a dinâmica de amor e esvaziamento de Jesus para a redenção dos homens e das mulheres.

Primeiro mistério doloroso
No primeiro mistério doloroso contemplamos a agonia de Jesus no Horto das Oliveiras: "Retirou-se Jesus com eles para um lugar chamado Getsêmani e disse-lhes: 'Assentai-vos aqui, enquanto eu vou orar'. E tomando consigo Pedro e os dois filhos de Zebedeu, começou a se entristecer e a se angustiar. Disse-lhes, então: 'Minha alma está triste até a morte. Ficai aqui e vigiai comigo'. Adiantou-se um pouco e, prostrando-se com a face por terra, assim rezou: 'Meu Pai, se é possível, afasta de mim este cálice! Todavia, não se faça o que eu quero, mas sim o que Tu queres'. Foi ter então com os discípulos e os encontrou dormindo. E disse a Pedro: 'Então, não pudestes vigiar uma hora comigo... Vigiai e orai para que não entreis em tentação. O espírito está pronto, mas a carne é fraca'. Afastou-se pela segunda vez e orou, dizendo: 'Meu Pai, se não é possível que este cálice passe sem que eu o beba, faça-se a tua vontade!' Voltou ainda e os encontrou novamente dormindo, porque seus olhos estavam pesados. Deixou-os e foi orar pela terceira vez, dizendo as mesmas palavras. Voltou, então, para os seus discípulos e disse-lhes: 'Dormi agora e repousai! Chegou a hora: o Filho do Homem vai ser entregue nas mãos dos pecadores... Levantai-vos, vamos! Aquele que me trai está perto daqui'" (Mt 26,36-46). "Foram em seguida para o lugar chamado Getsêmani, e Jesus disse a seus discípulos: 'Sentai-vos aqui, enquanto vou orar'. Levou consigo Pedro, Tiago e João; e começou a ter pavor e a angustiar-se. Disse-lhes: "A minha

alma está numa tristeza mortal; ficai aqui e vigiai'. Adiantando-se alguns passos, prostrou-se com a face por terra e orava que, se fosse possível, passasse dele aquela hora. '*Abbá!* [Pai!], suplicava Ele. Tudo te é possível; afasta de mim este cálice! Contudo, não se faça o que eu quero, senão o que Tu queres.' Em seguida, foi ter com seus discípulos e achou-os dormindo. Disse a Pedro: 'Simão, dormes? Não pudeste vigiar uma hora! Vigiai e orai, para que não entreis em tentação. Pois o espírito está pronto, mas a carne é fraca'. Afastou-se outra vez e orou, dizendo as mesmas palavras. Voltando, achou-os de novo dormindo, porque seus olhos estavam pesados; e não sabiam o que lhe responder. Voltando pela terceira vez, disse-lhes: 'Dormi e descansai. Basta! Veio a hora! O Filho do Homem vai ser entregue nas mãos dos pecadores. Levantai-vos e vamos! Aproxima-se o que há de me entregar'" (Mc 14,32-42). "Conforme o seu costume, Jesus saiu dali e dirigiu-se para o Monte das Oliveiras, seguido dos seus discípulos. Ao chegar àquele lugar, disse-lhes: 'Orai para que não caiais em tentação'. Depois se afastou deles à distância de um tiro de pedra e, ajoelhando-se, orava: 'Pai, se é de teu agrado, afasta de mim este cálice! Não se faça, todavia, a minha vontade, mas sim a tua'. Apareceu-lhe então um anjo do céu para confortá-lo. Ele entrou em agonia e orava ainda com mais instância, e seu suor tornou-se como gotas de sangue a escorrer pela terra. Depois de ter rezado, levantou-se, foi ter com os discípulos e achou-os adormecidos de tristeza. Disse-lhes: 'Por que dormis? Levantai-vos, orai, para não cairdes em tentação'" (Lc 22,39-46).

Os textos que nos são apresentados falam da dificuldade dos discípulos em vigiar com Jesus e com Ele rezar, mostram a total entrega de Jesus ao Pai, mas não negam a dor e o medo que Ele enfrentou, a ponto de Lucas dizer que Ele começou a suar sangue.

Segundo mistério doloroso
No segundo mistério doloroso contemplamos a flagelação de Jesus atado à coluna.

Os soldados do governador conduziram Jesus para o pátio do palácio e reuniram em volta dele todo o batalhão: "Os soldados do governador conduziram Jesus para o pretório e rodearam-no com todo o pelotão. Arrancaram-lhe as vestes e colocaram-lhe um manto escarlate. Depois, trançaram uma coroa de espinhos, puseram-na em sua cabeça e na mão uma vara. Dobrando os joelhos diante dele, diziam com escárnio: 'Salve, rei dos judeus!' Cuspiam-lhe no rosto e, tomando da vara, davam-lhe golpes na cabeça. Depois de escarnecerem dele, tiraram-lhe o manto e entregaram-lhe as vestes. Em seguida, levaram-no para o crucificar" (Mt 27,27-31). "Os soldados conduziram-no ao interior do pátio – isto é, ao pretório –, onde convocaram toda a corte. Vestiram Jesus de púrpura, teceram uma coroa de espinhos e a colocaram em sua cabeça. E começaram a saudá-lo: 'Salve, rei dos judeus!' Davam-lhe na cabeça com uma vara, cuspiam nele e punham-se de joelhos como para homenageá-lo. Depois de terem escarnecido dele, tiraram-lhe a púrpura, deram-lhe de novo as vestes e conduziram-no fora para o crucificar" (Mc 15,16-20). "Entretanto, os homens que guardavam Jesus escarneciam dele e davam-lhe bofetadas. Cobriam-lhe o rosto e diziam: 'Adivinha quem te bateu!' E injuriavam-no ainda de outros modos" (Lc 22,63-65). "Então Pilatos mandou flagelar Jesus. Os soldados teceram uma coroa de espinhos, puseram-na sobre sua cabeça e o cobriram com um manto de púrpura. Aproximavam-se dele e diziam: 'Salve, rei dos judeus!' E davam-lhe bofetadas" (Jo 19,1-3).

Os relatos são duros com relação ao sofrimento pelos quais Jesus passou por seu amor para conosco; todo o esvaziamento do Cordeiro de Deus que tirou o pecado do mundo e morreu por Barrabás (= filho do meu pai, meu irmão), morreu por todos nós.

Terceiro mistério doloroso

No terceiro mistério doloroso contemplamos a coroação de espinhos de Nosso Senhor Jesus Cristo: "Os soldados conduziram-no ao interior do pátio – isto é, ao pretório –, onde convocaram toda a coorte. Vestiram Jesus de púrpura, teceram uma coroa de espinhos e a colocaram em sua cabeça. E começaram a saudá-lo: 'Salve, rei dos judeus!' Davam-lhe na cabeça com uma vara, cuspiam nele e punham-se de joelhos como para homenageá-lo. Depois de terem escarnecido dele, tiraram-lhe a púrpura, deram-lhe de novo as vestes e conduziram-no fora para o crucificar" (Mc 15,16-20). "Então Pilatos mandou flagelar Jesus. Os soldados teceram uma coroa de espinhos e lhe puseram sobre a cabeça e cobriram-no com um manto de púrpura. Aproximavam-se dele e diziam: 'Salve, rei dos judeus!' E davam-lhe bofetadas" (Jo 19,1-3).

É muito rica a forma como os evangelistas narram a ironia da condenação de Jesus. Caifás havia dito que seria bom que um morresse pelo povo, e, ao entregar sua vida, Jesus faz cumprir a "profecia" de Caifás (Jo 11,50). Aqui Jesus é coroado de espinhos, e o deboche dos soldados se transforma na mais pura verdade: Jesus é o nosso Rei que veio ao mundo para dar testemunho da verdade.

Quarto mistério doloroso

No quarto mistério da dor contemplamos a subida dolorosa de Jesus, com a pesada cruz nas costas, ao calvário: "Saindo, encontraram um homem de Cirene, chamado Simão, a quem obrigaram a levar a cruz de Jesus. Chegaram ao lugar chamado Gólgota; isto é, lugar do crânio" (Mt 27,32-33). "Passava por ali certo homem de Cirene, chamado Simão, que vinha do campo, pai de Alexandre e de Rufo, e obrigaram-no a levar a cruz. Conduziram Jesus ao lugar chamado Gólgota, que quer dizer lugar do crânio" (Mc 15,21-22). "Enquanto o conduziam, detiveram um certo Simão de Cirene, que voltava do campo, e impuseram-lhe a cruz para que a carregasse atrás de Jesus" (Lc 23,26). "Entregou-o então a eles para que fosse crucificado. Ele próprio carregava a sua cruz para fora da cidade, em direção ao lugar chamado Calvário; em hebraico Gólgota" (Jo 19,16-17).

Jesus carrega a sua cruz. Esta expressão tem uma riqueza muito grande para a fé e o modo de ser cristão. Cruz nos lembra o poste do sacrifício, o altar onde Jesus imolou a sua vida como cordeiro sem mancha. Porém, a palavra cruz em grego (*staurós*) nos remete ao verbo *stano*, que é estar de pé. Jesus se mantém de pé e de cabeça erguida, pois sabe que é um justo. A mesma postura de Jesus deve se estender a todos os cristãos diante das adversidades da vida.

Quinto mistério doloroso

No quinto mistério doloroso contemplamos a paixão e morte de Jesus na cruz, após três horas de agonia: "Desde a hora sexta até a nona, cobriu-se toda a terra de trevas. Próximo da hora nona, Jesus exclamou em voz forte: 'Eli, Eli, lammá sabactáni?'; o que quer dizer: 'Meu Deus, meu Deus, por que me abandonaste?' A essas palavras, alguns dos que lá estavam diziam: 'Ele chama por Elias'. Imediatamente, um deles tomou uma esponja, embebeu-a em vinagre e apresentou-lhe na ponta de uma vara para que bebesse. Os outros diziam: 'Deixa! Vejamos se Elias virá socorrê-lo'. Jesus de novo lançou um grande brado, e entregou a alma. E eis que o véu do templo se rasgou em duas partes de alto a baixo, a terra tremeu, fenderam-se as rochas" (Mt 27,45-51). "Desde a hora sexta até a hora nona houve trevas por toda a terra. E à hora nona Jesus bradou em alta voz: 'Eloí, Eloí, lammá sabactáni?', que quer dizer: 'Meu Deus, meu Deus, por que me abandonaste?' Ouvindo isso, alguns dos circunstantes diziam: 'Ele chama por Elias!' Um deles correu e ensopou uma esponja em vinagre e, pondo-a na ponta de uma vara, deu-lhe para beber, dizendo: "Deixai, vejamos se Elias vem tirá-lo'. Jesus deu um grande brado e expirou" (Mc 15,33-37). "Era quase a hora sexta e em toda a terra houve trevas até a hora nona. Escureceu-se o sol e o véu do templo se rasgou pelo meio. Jesus deu então um grande brado e disse: 'Pai, nas tuas mãos entrego o meu espírito'. E, dizendo isso, expirou. Vendo o centurião o que acontecia, deu glória a Deus e disse: 'Na verdade, este homem era um justo' (Lc 23,44-47). "Em seguida, sabendo Jesus que tudo estava consumado, para se cumprir plenamente a Escritura, disse: 'Tenho sede'. Havia ali um vaso cheio de vinagre. Os soldados encheram de vinagre uma esponja e, fixando-a numa vara de hissopo, chegaram-lhe à boca. Havendo Jesus tomado do vinagre, disse: 'Tudo está consumado'. Inclinou a cabeça e entregou o espírito" (Jo 19,28-30).

Jesus morreu por amor à humanidade e para a redenção. Se na árvore do paraíso Adão colocou o véu que separa Deus e os homens, na árvore da cruz Jesus fez o véu se rasgar. A grande questão de todo o Evangelho é respondida na cruz; Jesus é verdadeiramente o Filho de Deus.

Se vocês, que rezam conosco o rosário, prestaram bastante atenção até aqui puderam perceber que toda esta oração é um grande passeio pelos evangelhos; podemos dizer que fazemos caminho com Jesus e com Maria, e eles vão nos explicando as Escrituras.

4) Mistérios gloriosos

Para fechar a beleza do rosário nós rezamos os Mistérios gloriosos, que nos apresentam a riqueza da ressurreição e a certeza de que nós somos seres que caminhamos para Deus. Assim, celebrar os Mistérios gloriosos é professar a fé em nossa maior verdade: Deus nos criou para Ele e só nele encontramos a plenitude de nossa vida. A ressurreição de Jesus torna-se para nós o grande testemunho desta verdade: "Irmãos, não queremos que ignoreis coisa alguma a respeito dos mortos, para que não vos entristeçais, como os outros homens que não têm esperança. Se cremos que Jesus morreu e ressuscitou, cremos também que Deus levará com Jesus os que nele morreram" (1Ts 4,13-14).

Primeiro mistério glorioso
No primeiro mistério glorioso contemplamos a ressurreição de Nosso Senhor Jesus Cristo: "Depois do sábado, quando amanhecia o primeiro dia da semana, Maria Madalena e a outra Maria foram ver o túmulo. E eis que houve um violento tremor de terra: um anjo do Senhor desceu do céu, rolou a pedra e sentou-se sobre ela. Resplandecia como relâmpago e suas vestes eram brancas como a neve. Vendo isso, os guardas pensaram que morreriam de pavor. O anjo disse às mulheres: 'Não temais! Sei que procurais Jesus, que foi crucificado. Não está aqui: ressuscitou como disse. Vinde e vede o lugar em que Ele repousou. Ide depressa e dizei aos discípulos que Ele ressuscitou dos mortos. Ele vos precede na Galileia. Lá o haveis de rever'" (Mt 28,1-7). "Passado o sábado, Maria Madalena, Maria, mãe de Tiago, e Salomé compraram aromas para ungir Jesus. E no primeiro dia da semana, foram muito cedo ao sepulcro, mal o sol havia despontado. E diziam entre si: 'Quem removerá a pedra do sepulcro para nós?' Levantando os olhos, elas viram removida a pedra, que era muito grande. Entrando no sepulcro, viram, sentado do lado direito, um jovem, vestido de roupas brancas, e assustaram-se. Ele lhes falou: 'Não tenhais medo. Buscais Jesus de Nazaré, que foi crucificado. Ele ressuscitou, já não está aqui. Eis o lugar onde o depositaram. Mas ide, dizei a seus discípulos e a Pedro que Ele vos precede na Galileia. Lá o vereis como vos disse'. Elas saíram do sepulcro

e fugiram trêmulas e amedrontadas. E a ninguém disseram coisa alguma por causa do medo" (Mc 16,1-8). "No primeiro dia da semana, muito cedo, dirigiram-se ao sepulcro com os aromas que haviam preparado. Acharam a pedra removida longe da abertura do sepulcro. Entraram, mas não encontraram o corpo do Senhor Jesus. Não sabiam elas o que pensar, quando apareceram em frente delas dois personagens com vestes resplandecentes. Como estivessem amedrontadas e voltassem o rosto para o chão, eles disseram: 'Por que buscais entre os mortos aquele que está vivo? Não está aqui, mas ressuscitou. Lembrai-vos de como Ele vos disse quando ainda estava na Galileia: O Filho do Homem deve ser entregue nas mãos dos pecadores e crucificado, mas ressuscitará ao terceiro dia'. Então elas se lembraram das palavras de Jesus" (Lc 24,1-8). "No primeiro dia que se seguia ao sábado, Maria Madalena foi ao sepulcro, de manhã cedo, quando ainda estava escuro. Viu a pedra removida do sepulcro. Correu e foi dizer a Simão Pedro e ao outro discípulo a quem Jesus amava: 'Tiraram o Senhor do sepulcro, e não sabemos onde o puseram!' Saiu então Pedro com aquele outro discípulo, e foram ao sepulcro. Corriam juntos, mas aquele outro discípulo correu mais depressa do que Pedro e chegou primeiro ao sepulcro. Inclinou-se e viu ali os panos no chão, mas não entrou. Chegou Simão Pedro que o seguia, entrou no sepulcro e viu os panos postos no chão. Viu também o sudário que estivera sobre a cabeça de Jesus. Não estava, porém, com os panos, mas enrolado num lugar à parte. Então, entrou também o discípulo que havia chegado primeiro ao sepulcro. Viu e creu. Em verdade, ainda não haviam entendido a Escritura, segundo a qual Jesus devia ressuscitar dentre os mortos. Os discípulos, então, voltaram para as suas casas" (Jo 20,1-10).

A ressurreição de Jesus é o tema mais repetido no Novo Testamento, e a razão disso é que somente a partir do evento pascal é que podemos entender a mensagem cristã; de tal forma que o Apóstolo Paulo afirma: "Se Cristo não ressuscitou vã é a nossa fé" (1Cor 15,14).

Segundo mistério glorioso
No segundo mistério glorioso contemplamos a ascensão admirável de Jesus ao céu: "Depois que o Senhor Jesus lhes falou, foi levado ao céu e está sentado à direita de Deus. Os discípulos partiram e pregaram por toda parte. O Senhor cooperava com eles e confirmava a sua palavra com os milagres que a acompanhavam" (Mc 16,19-20). "Depois os levou para Betânia e, levantando as mãos, os abençoou. Enquanto os abençoava, separou-se deles e foi arrebatado ao céu. Depois de o terem adorado, voltaram para Jerusalém com grande júbilo. E permaneciam no templo, louvando e bendizendo a Deus" (Lc 24,50-53). "Assim reunidos, eles o interrogavam: 'Senhor, é porventura agora que ides instaurar o reino de Israel?' Respondeu-lhes Ele: 'Não pertence a vós saber os tempos nem os momentos que o Pai fixou em seu poder, mas descerá sobre vós o Espírito Santo e vos dará força; e sereis minhas testemunhas em Jerusalém, em toda a Judeia, Samaria e até os confins do mundo'. Dizendo isso, elevou-se à vista deles e uma nuvem o ocultou aos seus olhos. Enquanto o acompanhavam com seus olhares, vendo-o afastar-se para o céu, eis que lhes apareceram dois homens vestidos de branco, que lhes disseram: 'Homens da Galileia, por que ficais aí a olhar para o céu? Esse Jesus que acaba de ser arrebatado para o céu voltará do mesmo modo que o vistes subir" (At 1,6-11). "Ao nome de Jesus, todo joelho se dobre no céu, na terra e debaixo da terra, e toda língua proclame que Jesus é o Senhor, para a glória de Deus Pai" (Fl 2,10-11); esta afirmação de Paulo nos leva a compreender que Jesus venceu a morte, todas as mortes, e que junto do Pai nos aguarda no seu amor para tomarmos posse do Reino que o Pai nos preparou desde a fundação do mundo.

Terceiro mistério glorioso

No terceiro mistério glorioso contemplamos a vinda do Espírito Santo sobre os apóstolos reunidos com Maria Santíssima no cenáculo em Jerusalém: "Chegando o dia de Pentecostes, estavam todos reunidos no mesmo lugar. De repente, veio do céu um ruído, como se soprasse um vento impetuoso, e encheu toda a casa onde estavam sentados. Apareceu-lhes então uma espécie de línguas de fogo, que se repartiram e pousaram sobre cada um deles. Ficaram todos cheios do Espírito Santo e começaram a falar em outras línguas, conforme o Espírito Santo lhes concedia que falassem" (At 2,1-4). A festa de Pentecostes era uma festa antiga em Israel (Dt 16,10; Nm 28,26) e na comunidade dos cristãos tornou-se a festa da vinda do Espírito Santo sobre os apóstolos; mas é importante notar que o evento Pentecostes acontece o tempo todo na vida da Igreja. São João, por exemplo, mostra-nos que "na cruz Jesus entregou o seu Espírito à Igreja" (Jo 19,30), e "quando o Senhor ressuscitou e apareceu aos discípulos, soprou sobre eles o Espírito Santo" (Jo 20,22). O Livro dos Atos dos Apóstolos nos mostra vários momentos em que acontece a vinda do Espírito Santo, nas decisões dos apóstolos. Eles afirmavam que decidiam as coisas junto com o Espírito Santo (At 15,28). Hoje, quando nos reunimos para rezar o terço, para organizar a comunidade e para fazer caridade podemos contar com a força do Espírito Santo.

Quarto mistério glorioso

No quarto mistério glorioso celebramos a assunção de Maria ao céu em corpo e alma.

Os dois últimos mistérios do rosário são fundamentados nos ensinamentos da Igreja e na piedade dos católicos. Na Bíblia, conhecemos dois casos de arrebatamento ao céu. O primeiro deles no livro dos patriarcas, que fala de Henoc

(Gn 5,21-24), de como ele viveu com Deus e foi arrebatado aos céus. Em 2Rs 2,11 narra-se a experiência profunda do Profeta Elias e de como ele foi arrebatado aos céus na carruagem de fogo.

Quanto à Maria, a Igreja celebra a Festa da Dormição de Nossa Senhora desde o século V, de maneira especial na Igreja Ortodoxa. No século XX, o Papa Pio XII proclamou o Dogma da Assunção de Maria ao Céu, em 1º de novembro de 1950, e a festa passou a ser celebrada no dia 15 de agosto. O dogma mostra a profunda intimidade de Maria com o Pai (que a escolheu), o Filho (que ela gerou) e o Espírito Santo (que desceu sobre ela na encarnação do Verbo).

Quinto mistério glorioso

No quinto mistério glorioso contemplamos a coroação de Nossa Senhora como Rainha do céu e da terra: "Abriu-se o templo de Deus que está no céu e apareceu no templo a Arca da Aliança. [...] Então apareceu no céu um grande sinal: uma mulher vestida de sol, tendo a lua debaixo dos pés e, sobre a cabeça, uma coroa de doze estrelas. [...] Então apareceu outro sinal no céu: um grande dragão, cor de fogo. Tinha sete cabeças e dez chifres e, sobre as cabeças, sete coroas. Com a cauda varria a terça parte das estrelas do céu, atirando-as sobre a terra. O dragão parou diante da mulher, que estava para dar à luz, pronto para devorar o seu Filho, logo que nascesse. E ela deu à luz um filho homem, que veio para governar todas as nações com cetro de ferro. Mas o Filho foi levado para junto de Deus e do seu trono. A mulher fugiu para o deserto, onde Deus lhe tinha preparado um lugar. [...] Ouvi então uma voz forte no céu, proclamando: 'Agora, realizou-se a salvação, a força e a realeza do nosso Deus e o poder do seu Cristo'" (Ap 11,19; 12,1.3-6.10).

O quarto e o quinto Mistérios gloriosos, como já foi dito, têm sua fundamentação na piedade e tradição da Igreja. O quinto mistério se fundamenta nesta passagem do Apocalipse que muito nos ensina, pois mostra um sinal no céu: a Arca da aliança, ou seja, Nossa Senhora, aquela que está grávida dará à luz Nosso Salvador. Contudo, a beleza do texto nos aponta também a Igreja que, nas batalhas da vida, deve estar sempre pronta a dar à Luz Cristo, gerando-o para o mundo.

Quando as famílias, os amigos, os jovens, as mães e todos os outros grupos se reúnem para rezar o terço, estão travando a batalha da fé, gerando Cristo para iluminar a vida de tantas pessoas. Se pudéssemos ouvir os inúmeros testemunhos de conversão, de vida nova, transformação e de libertação gerados pela oração do terço, inundaríamos o mundo de esperança e amor.

Este livro nasceu de uma caminhada linda com Even, Solange e Tatiana, e, ao fazerem esse itinerário pudemos ver crescer o carinho e a devoção a Nossa Senhora, que se manifesta em nossa vida com diversos títulos, sendo sempre a mesma mãe de Jesus de Nazaré.

Em Lc 24 encontramos o maravilhoso texto de Jesus fazendo o caminho de Emaús com dois discípulos; ao longo da estrada, Jesus mostra toda a Escritura Sagrada para os dois, que estão sofrendo pela morte do Senhor, e, no partir do pão, eles reconhecem que o coração ardia e que era Jesus mesmo quem caminhava com eles.

A sabedoria da Igreja nos ajudou a compreender a mesma dinâmica com Nossa Senhora no meio de nós. Rezando o rosário e fazendo um outro caminho de Emaús nas muitas estradas da vida, nos muitos cansaços e medos que nós carregamos, nas muitas noites escuras que atravessamos, podemos perceber Nossa Senhora caminhando conosco, ensinando-nos as Escrituras que falam de seu Filho Jesus, desde o anúncio do anjo sobre a encarnação do Divino Verbo (Lc 1,26-37), primeiro mistério gozoso, até a vinda do

Espírito Santo sobre ela mesma e os apóstolos reunidos no cenáculo (At 2,1-5), terceiro mistério glorioso.

Como é admirável assimilarmos esses argumentos de nossa fé e nos darmos conta de que, por meio da recitação do rosário, fazemos memória do trajeto de Jesus com os dois discípulos de Emaús, tendo em vista que empreendemos toda uma jornada pela Sagrada Escritura e, iluminados pelo Espírito Santo, conseguimos compreender muito da dinâmica do amor do Pai, que escolheu Maria para participar de forma especial na economia da salvação.

Nossa Senhora do Carmo

A veneração a Nossa Senhora do Carmo tem suas raízes nove séculos antes do nascimento de Jesus. O primeiro profeta de Israel, Elias, que habitava o Monte Carmelo, teve uma visão da vinda da Bem-aventurada Virgem Maria. Sim, isso mesmo!

Essa história começa durante uma estiagem de sete anos, castigo do Altíssimo ao povo infiel, na época do Profeta Elias. Este se prostrou diante de Deus pedindo a chuva que Ele mesmo prometera. Por seis vezes rezou sem êxito. Elias enviava seu servo para verificar se perto do mar havia algum sinal de chuva; porém, a resposta sempre era negativa. Somente na sétima vez é que uma nuvem de chuva apareceu: "Na sétima vez, o servo respondeu: 'Eis que sobe do mar uma pequena nuvem, do tamanho da palma da mão'. Elias disse-lhe: 'Vai dizer a Acab que prepare o seu carro e desça para que a chuva não o detenha'. Num instante, o céu se cobriu de nuvens negras, soprou o vento e a chuva caiu torrencialmente. Acab pulou na carruagem e partiu para Jezrael" (1Rs 18,44-45).

Os grandes santos marianos foram os primeiros a interpretarem esta passagem da Bíblia como o primeiro sinal da presença de Nossa Senhora entre os homens. O local escolhido para essa manifestação de Deus foi o Monte Carmelo, geograficamente situado nas encostas de Israel com vista para o Mar Mediterrâneo. Em hebraico primitivo, Carmelo significa "vinha do Senhor".

Depois de séculos, essa nuvenzinha vê-se personificada: a Rainha do céu e da terra nasce e traz ao mundo a mais bela de todas as chuvas de bênçãos: Nosso Senhor Jesus Cristo. Assim como o orvalho anuncia muitas vezes a vinda de águas torrenciais, a Virgem Maria, *orvalho celeste*, traz-nos seu divino Filho, nosso redentor, que veio irrigar o mundo, não somente no tempo que habitou entre nós, mas nos vindouros, com a graça, os sacramentos e a Igreja.

História

O culto a Nossa Senhora do Carmo é um dos mais antigos, assim como a Ordem Carmelita. Já no primeiro século do cristianismo, os eremitas que se retiraram ao Monte Carmelo construíram uma capelinha dedicada à Virgem Maria. O Monte Carmelo é local de oração e vida contemplativa desde o tempo de Elias, que permaneceu lá com seus discípulos e defendeu a fé do povo escolhido diante da perseguição dos pagãos.

Essa vida de oração inspirou, no século XI, a fundação da Ordem dos Irmãos da Bem-Aventurada Virgem Maria do Monte Carmelo, ou Ordem do Carmo. Nasciam, assim, os carmelitas.

O título de Nossa Senhora do Carmo veio no século XII. Os carmelitas foram obrigados a ir para a Europa para fugir do assédio ostensivo dos muçulmanos na Palestina. No entanto, no exílio, eles encontravam forte resistência de outras ordens religiosas, sendo hostilizados e até satirizados por suas vestimentas.

No século XIII, um dos superiores-gerais da Ordem foi São Simão Stock, grande devoto de Nossa Senhora e um dos mais piedosos carmelitas ingleses. Vendo a Ordem ser perseguida até quase ao extermínio, ele sofria e pedia socorro a Nossa Senhora do Carmo. Foi ele quem compôs esta oração: "Flor do Carmelo, videira florescente, esplendor do céu. Virgem fecunda e singular, Mãe afável, Mãe sempre virgem, aos carmelitas sede propícia. Ó estrela do mar!"

Em Oxford, Simão fez doutorado em Teologia. Ainda jovem, optou por uma vida eremita, vivendo muitos anos na cavidade de um tronco; por isso lhe chamam de *Stock*, tronco em inglês. Foi em 1242 que os carmelitas fundaram seu primeiro convento na Inglaterra. Cinco anos depois, Frei Simão Stock foi eleito prior-geral da Europa. Conta-se que bispos da Igreja europeia sentiam ciúme dos carmelitas, que atraíram muitos jovens à sua Ordem, e colocavam muitos obstáculos para o funcionamento dos conventos.

No dia 16 de julho de 1251, quando rezava em sua cela no Convento de Cambridge, São Simão pediu a Nossa Senhora um sinal de sua proteção, que também fosse visível aos adversários. Teve então a visão de que Nossa Senhora, rodeada de anjos, entregava-lhe o escapulário, dizendo: "Recebe, meu filho muito amado, este escapulário de tua Ordem, sinal do meu amor, privilégio por ti e por todos os carmelitas. Quem com ele morrer não padecerá no fogo do inferno. Eis aqui um sinal da minha aliança de paz, amor eterno e salvação nos perigos".

A partir da visão, o escapulário passou a fazer parte do hábito dos carmelitas. Na verdade, é uma espécie de avental usado pelos monges durante o trabalho, colocado sobre as escápulas (ombros); uma peça do hábito ainda hoje utilizada pelos carmelitas. Posteriormente, surgiu o escapulário reduzido para ser dado aos fiéis leigos. Dessa forma, quem o usa pode participar da espiritualidade do Carmelo e das grandes graças que a ele estão ligadas.

A palavra latina *scapula* significa ombro; portanto, o objeto de devoção que se coloca aos ombros acabou ficando popularmente conhecido como escapulário, sendo um sacramental (sinal sagrado, segundo o modelo dos sacramentos, por intermédio do qual os fiéis são beneficiados com efeitos, sobretudo espirituais, que se obtêm pela intercessão da Igreja).

Milagres

"A devoção do escapulário do Carmo fez descer sobre o mundo copiosa chuva de graças espirituais e temporais" (Papa Pio XII, 06/08/1950). Em sua *Bula Sabatina*, de 1322, o Papa João XXII afirma: aqueles que usarem o escapulário serão libertados das penas do purgatório no sábado que se seguir à sua morte. As vantagens desse privilégio sabatino foram ainda confirmadas pela Sagrada Congregação das Indulgências, em 1908.

O escapulário dos fiéis leigos é feito de dois quadradinhos de tecido marrom unidos por um cordão, tendo de um lado a imagem de Nossa Senhora do Carmo e de outro o Sagrado Coração de Jesus, ou o brasão da Ordem do Carmo. Quem se reveste do escapulário passa a fazer parte da família carmelita e se consagra a Nossa Senhora. Assim, o escapulário é um sinal visível de nossa aliança com Maria e confiança em seu amor maternal.

A Igreja Católica sempre frisa aos fiéis que o objeto não é um amuleto ou um talismã, e deve ser abençoado e colocado no devoto por um sacerdote, conforme o rito da imposição do escapulário (este rito só é necessário para o primeiro escapulário que o devoto tiver).

O Papa Bento XIII, em 1726, estendeu a toda a Igreja a celebração da Festa de Nossa Senhora do Carmo em 16 de julho. Em 28 de janeiro de 1964, o Papa Paulo VI concedeu a todos os sacerdotes católicos o poder de impor o escapulário, o que até então era um privilégio dos Padres Carmelitas e de alguns outros sacerdotes autorizados pela Santa Sé. São João Paulo II, que usava o escapulário desde a juventude, escreveu: "O escapulário é sinal de aliança entre Maria e os fiéis. Traduz concretamente a entrega, na cruz, de Maria ao discípulo João" (cf. Jo 19,25-27).

Segundo o Concilio Vaticano II, "o escapulário é uma realidade visível que nos conduz a Deus". Santa Teresa de Ávila, reformadora do Carmelo, dizia que portar o escapulário era estar vestida com o hábito de Nossa Senhora.

Quem se reveste desse sinal mariano deve adotar algumas atitudes fundamentais: colocar Deus em primeiro lugar e buscar sempre realizar a vontade dele; fazer a leitura orante da Bíblia e praticar a Palavra de Deus em sua vida; ter compaixão e procurar ajudar os irmãos mais necessitados; participar pelo menos aos domingos da Eucaristia e se confessar com frequência. Da Ordem Carmelita surgiram muitos santos, como Santa Teresa de Ávila, Santa Teresinha do Menino Jesus e São João da Cruz; este último também foi reformador da Ordem.

Oração

Ó, Bendita e Imaculada Virgem Maria, honra e esplendor do carmelo. Vós que olhais com especial bondade para quem traz o vosso bendito escapulário, olhai para mim benignamente e cobri-me com o manto de vossa maternal proteção; fortificai minha fraqueza com vosso poder; iluminai as trevas do meu espírito com a vossa sabedoria; aumentai em mim a fé, a esperança e a caridade; ornai minha alma com as graças e as virtudes que a torne agradável ao vosso divino Filho; assisti-me durante a vida; consolai-me na hora da morte com a vossa amável presença; e apresentai-me à Santíssima Trindade como vosso filho e servo dedicado. E lá no céu eu quero louvar-vos e bendizer-vos por toda a eternidade. Amém!

Nossa Senhora da Cabeça

A história de Nossa Senhora da Cabeça teve início em 1227. O título se refere ao Pico da Cabeça (Espanha), onde Maria apareceu; mas ficou associado também à cabeça dos homens.

Esta obra foi escrita em tempos de pandemia, quando, além dos males do corpo, muitos padeceram/padecem por problemas da mente. Este foi o motivo de escolhermos para figurar nestas páginas esta invocação da Virgem Santíssima, que muito pode aliviar a dor de seus devotos fervorosos, mesmo em períodos difíceis, tristes e sombrios. Afinal, hoje conhecemos inúmeros distúrbios mentais, que muitas vezes requerem tratamentos mais complexos e dispendiosos do que doenças de outras partes do corpo e, não raro, podem despedaçar famílias inteiras pelas consequências nefastas que produzem. Que o digam as pessoas que se sentem imersas na depressão, só para citar um dos âmbitos das doenças psíquicas. É bem verdade que, em suas aparições, Nossa Senhora não garante a cura a todos. Mesmo assim, não há uma só nota dissonante na sinfonia de amor e cuidado de Maria por nós. Ela simplesmente reafirma que, em todas as circunstâncias, é a vontade do Pai que prevalece.

História

Vamos conhecer, então, a maravilhosa história de mais esta visita de Maria a nós, seus filhos e filhas.

O cenário desta aparição foi a deslumbrante região de Andaluzia, marcada por colinas, rios e campos agrícolas na costa sul da Espanha. Nossa Senhora escolheu as alturas da Serra Morena, em Andújar, mais precisamente o Pico da Cabeça, para se manifestar ao humilde e piedoso pastor de gado, cabras e ovelhas, João Alonso Rivas. Ele era natural de Granada, filho de cristãos cativos e fugitivos da opressão dos mouros, povos instalados na região da Península Ibérica durante a Idade Média, especialmente os árabes. Homem simples e devoto fervoroso de Nossa Senhora, João sempre rezava enquanto fazia seu trabalho, pedindo sua proteção. Alguns relatos dão conta de que ele era um cavaleiro das Cruzadas e havia perdido um braço durante um ataque dos mouros. Mas, na história do santuário original de Nossa Senhora da Cabeça, consta que ele tinha o braço esquerdo atrofiado. O fato é que, com o braço mutilado ou atrofiado, ele não podia ir para a frente de batalha e se tornou um pastor.

Na noite de 11 de agosto de 1227, pouco antes da meia-noite, João vislumbrou luzes diferentes que iluminavam a montanha perto de onde ele pastoreava. Era um espetáculo da natureza, diferente de tudo o que ele já havia visto naquele lugar; diga-se, um lugar que lhe era extremamente familiar, visto que passava a maior parte de seu tempo nos arredores da serra. Pois bem, além das luzes, ele começou a ouvir um sino badalando lindamente no cume da montanha. Primeiro, pensou que fosse pura imaginação por viver tão solitário naquelas paragens; por fim, totalmente atraído pelo evento inaudito, João foi subindo até o Pico da Cabeça, e à medida que ele se aproximava do cume, o som dos sinos e as luzes ficavam mais deslumbrantes e encantadores. Lá, ele viu que a fonte da luz estava entre duas grandes rochas, que formavam uma espécie de gruta. Totalmente tomado pela visão maravilhosa, João entrou sem temor na gruta e encontrou uma linda imagem de Nossa Senhora; ao lado, preso ao galho de uma árvore, o sino continuava a tocar. Imediatamente o pastor se ajoelhou diante da preciosa imagem e se pôs a rezar em voz alta. Desde o primeiro instante, João estabeleceu um diálogo com a Virgem Maria.

Mas antes de falarmos do teor dessa conversa divina, vamos saber como aquela imagem pode ter ido parar no

Pico da Cabeça para dar início a uma abundância de graças naquela região e, posteriormente, no mundo inteiro.

O local da aparição fica sobre o vale do Rio Jándula, que vem do árabe *xandula* e tem o significado de louvor a Deus. Isso quer dizer que o Pico da Cabeça já era de alguma forma um lugar especial. O Arcebispo Rodrigo Jiménez de Rada foi um dos grandes líderes responsáveis pela vitória dos cristãos sobre o islã na Batalha de Las Navas de Tolosa, ocorrida em 1212, apesar de a região continuar sendo alvo dos muçulmanos, que não desistiam de suas investidas para dominá-la. O arcebispo era muito respeitado entre os fiéis e incentivava a colocação estratégica de pequenas imagens da Virgem Maria pelos prados e colinas para proteger os territórios contra os inimigos. Toda a ação estava sob o comando da Ordem de Calatrava (uma Ordem militar e religiosa da época das Cruzadas, fundada pelo Abade Raimundo de Fitero); por isso, os pesquisadores acreditam que foram os membros dessa Ordem que esconderam a imagem naquele local ermo por ocasião de um dos ataques dos muçulmanos.

Milagres

Voltemos agora ao colóquio entre Nossa Senhora, representada na pequena e bela imagem do Pico da Cabeça, e João Alonso. Embora não tenhamos conhecimento dos diálogos literais, o que sabemos é que João ouviu a doce voz de Maria, que parecia vinda do céu, pedindo a ele que fosse construído um santuário em sua homenagem naquele lugar. Para isso, Nossa Senhora pediu a seu humilde vidente que fosse ao centro da cidade de Andújar, distante 18km dali, e dissesse ao povo que muitos prodígios seriam feitos em favor dos que se convertessem e acreditassem.

Vendo a expressão de perplexidade no rosto de João Alonso, por não se achar capaz de realizar tal missão e temer a reação do povo, a Virgem Maria o tranquilizou, dizendo que o testemunho dele seria a restituição total de seu braço defeituoso. Naquele instante João se deu conta de que seu braço estava perfeito e são, e que ele podia movimentá-lo. Diante deste primeiro milagre realizado por intercessão de Nossa Senhora, ao clarear do dia, o vigário do povoado e uma multidão de moradores guiados pelo vidente foram até o Pico da Cabeça para venerar a imagem milagrosa.

Logo a devoção se expandiu por todo o país, devido ao grande número de curas e conversões no lugar onde foi erguida uma pequena capela, que logo foi sendo ampliada por moradores de Andújar e das cidades circunvizinhas, tornando-se um local de peregrinação. A construção do santuário começou em 1287 e terminou em 1304.

Um dos milagres de grande repercussão foi a libertação de um homem nobre, morador da região do santuário, condenado injustamente à decapitação. Esse homem pediu o auxílio poderoso de Nossa Senhora da Cabeça e prometeu que, se ela o salvasse, ele levaria uma cabeça de cera aos pés de sua sagrada imagem. Daí teria começado a tradição de levar as partes do corpo curadas feitas de cera para pagar promessas. Tudo indica que aquele homem injustiçado fora atendido por Maria, pois no momento em que sua pena seria executada e o carrasco lhe cortaria a cabeça, um mensageiro real chegou com a prova de sua inocência. O homem foi, então, libertado e saiu dali glorificando a Deus e a Virgem da Cabeça.

Miguel de Cervantes, o expoente da literatura espanhola, fez referência ao Santuário de Nossa Senhora da Cabeça em sua obra-prima *Dom Quixote de la Mancha*. Esta informação faz parte da história do santuário original. Acredita-se que, em uma das cenas do romance, o famoso cavaleiro andante passou pelos arredores do Pico da Cabeça para purificar sua alma e ser digno de sua amada imaginária, Dulcineia. Em 1617, no romance póstumo *As obras de Persiles e Sigismunda*, Cervantes descreve de forma primorosa e se mostra admirado com as peregrinações e as festividades que homenageiam Nossa Senhora da Cabeça naquele solo sagrado, as quais aponta como mais deslumbrantes do que as festas da nobreza: "O lugar, a rocha, a imagem, os milagres, o povo infinito que vem de perto e de longe, o dia solene que eu disse o torna famoso no mundo e famoso na Espanha por quantos lugares as memórias mais abrangentes o lembram".

Pela bula do Papa São Pio X, em 1909, foi decretada a coroação canônica da imagem de Nossa Senhora da Cabeça. Este é um ato da Igreja Católica que confirma o poder intercessor de uma imagem ou estátua sagrada que atrai extraordinariamente a devoção dos fiéis por um longo período. Em 2009, o Papa Bento XVI outorgou à Virgem da Cabeça a Rosa de Ouro, a máxima distinção pontifícia e a primeira oferecida a uma imagem de Nossa Senhora na Espanha.

No Brasil, Nossa Senhora da Cabeça é venerada desde 1910 no Rio de Janeiro e desde 1948 em Perdizes, MG. Em algumas igrejas de São Paulo, como na Paróquia Santa Madalena e São Miguel Arcanjo, Vila Madalena, encontramos uma imagem da Virgem que apareceu no Pico da Cabeça. As imagens espanholas não trazem a cabeça de cera masculina na mão direita da Virgem Maria, tal qual a vemos no Brasil. Foi o milagre do inocente salvo da decapitação que deu origem à atual efígie de Nossa Senhora da Cabeça, que segura o Menino Jesus em seu braço esquerdo e a cabeça do nobre agraciado na mão direita.

Em 2018, o Vaticano oficializou o título de santuário para a Igreja de Nossa Senhora da Cabeça da cidade de Perdizes, situada no Triângulo Mineiro. A celebração que comemorou a honraria levou mais de 50 mil fiéis ao santuário. Foi o lojista Aristonides Afonso do Prado e sua esposa Maria Luiza, nascidos em Perdizes, que trouxeram a imagem de Nossa Senhora da Cabeça para a cidade em 1948, para pagarem uma promessa. Aristonides tinha uma doença grave e ficou completamente curado depois de fazer a promessa a Nossa Senhora da Cabeça. O vigário da cidade, Pe. Henrique Oliver, ajudou o casal a fazer a primeira festa em homenagem à Virgem da Cabeça na Paróquia de Perdizes, em novembro de 1948, quando foi distribuída a oração da novena. Assim, os moradores da cidade se tornaram devotos incondicionais de Maria sob este título, alcançando para a igreja erguida no local o *status* de santuário, diante do apego sincero e fervoroso a tão boa Mãe, que distribui graças a quem recorre piedosamente ao seu Coração Imaculado.

Especialmente no Brasil, os devotos começaram a invocar Maria sob este título para pedir a cura dos que sofrem de dores de cabeça fortes e constantes (cefaleia), para os filhos que precisam de mais concentração para os estudos, para a cura de males do cérebro em geral e das doenças psíquicas.

Impossível não lembrar de uma linda música mariana quando falamos de Nossa Senhora da Cabeça! "Iluminai a cabeça dos homens, pedimos-te agora. E que o bem aconteça, Nossa Senhora" (Composição de Sérgio Saraceni e Ronaldo Monteiro de Souza).

Oração

Minha amada Nossa Senhora da Cabeça, livrai-me das dores de cabeça, enxaquecas, esquecimentos e doenças mentais, para que eu possa, de maneira lúcida e sadia, ajudar a todos os que de mim precisarem. Livrai-me da depressão, da tristeza, da falta de ânimo, para que eu possa ser no meio do mundo como uma luz a iluminar os que vivem nas sombras. Não permitais que minha cabeça seja atormentada por tentações e maus pensamentos, para que eu possa ter meu pensamento voltado para o céu e para as coisas da terra abençoadas pela Santíssima Trindade. Tudo vos suplico pelos merecimentos do vosso divino Filho, Jesus Cristo, Nosso Senhor. Amém!

Nossa Senhora de Loreto

O título de Nossa Senhora de Loreto provém de uma das mais sublimes histórias que fazem parte da tradição da Igreja Católica. Sua origem está no relato da milagrosa transladação da Santa Casa de Nazaré, da Terra Santa até a Itália, pelos céus, e sendo conduzida por anjos liderados pelo príncipe da milícia celeste, São Miguel. Sim, a tradição nos dá este tesouro de fé para que abramos nossos corações às coisas do alto. Para aqueles que pensam tratar-se apenas de um "conto da carochinha", pasmem e aprofundem-se nos detalhes que iremos contar, pois o fato foi referendado pelo Vaticano e a Basílica de Nossa Senhora de Loreto já recebeu a visita fervorosa de inúmeros papas ao longo dos séculos. Se você acha pouco, aceite ao menos o veredicto dos *experts* em engenharia civil e dos cientistas, que se renderam à sobrenaturalidade da casa que viram em Loreto, pois não encontraram evidências científicas plausíveis para a sustentação de uma edificação que não apresenta fundação.

História
A casa de Nazaré, onde Nossa Senhora recebeu a anunciação do Anjo Gabriel de que seria a Mãe do Salvador e onde o Verbo se fez carne, já vinha sendo venerada há séculos na Palestina. Afinal, foi lá também que viveram Jesus, Maria e José, a Sagrada Família de Nazaré, lugar em que o Filho de Deus aprendeu a arte da carpintaria com seu pai adotivo e recebeu a bênção de sua mãe para iniciar sua vida pública. Amor, oração e graça impregnaram as paredes daquela casa santa, que, na verdade eram apenas três, e não quatro, pois ela foi originalmente construída em Nazaré a partir de uma gruta, que fazia as vezes de uma das paredes. Como as notícias não corriam rapidamente

no século XIII, apenas os católicos que protegiam como relíquia a casinha feita de pedras avermelhadas na Terra Santa se espantaram quando viram que ela havia sumido. No ano 1291, a expansão islâmica era eminente e foi justamente antes da chegada dos muçulmanos a Nazaré que a pequena casa desapareceu inexplicavelmente. Foi igualmente sem explicação que ela apareceu, no dia 12 de maio daquele ano, em Tersatz, antiga Dalmácia, hoje região da Croácia, Bósnia, Herzegovina e Montenegro.

Milagres

O bispo da diocese local, de primeiro nome Alexandre, estava gravemente doente naqueles tempos e não saía de seu leito. Qual não foi a surpresa dos fiéis ao vê-lo, certo dia, diante da casinha esbanjando saúde. Ele relatou que foi curado pela Virgem Maria, que lhe havia aparecido e revelado que aquela era a Santa Casa de Nazaré, onde ela havia nascido, crescido e vivido com Jesus e José. Dentro da casa, havia um altar de pedras com uma imagem de cedro representando Maria com o Menino Jesus ao colo. O menino tinha a mão direita estendida como se abençoasse o povo e, na mão esquerda, ele segurava um globo de ouro. Mãe e Filho estavam coroados. Quando ficou sabendo disso, o governador enviou uma comitiva, incluindo o Bispo Alexandre, para a Palestina, a fim de verificar se a afirmação do religioso era verdadeira. No local onde a casa da Sagrada Família fora construída só sobraram os alicerces com as medidas exatas da casa que havia aparecido na Croácia, ou seja, a casa se encaixaria perfeitamente àquelas fundações encontradas na Terra Santa (alicerces que são conservados até hoje na Basílica da Anunciação, em Nazaré). Além disso, tudo apontava para a realidade de que a edificação fora transportada inteira de Nazaré para Tersatz, sem sinais de ter sido desmontada e reconstruída. Fato confirmado, a casinha começou a se tornar local de peregrinação e houve relatos de muitas graças recebidas pelos romeiros.

Entretanto, no dia 10 de dezembro de 1294, ela desapareceu de lá, sendo levada por anjos para outros lugares, até chegar aos bosques de Loreto, em Recanati, na Itália.

Mais uma vez, pastores foram as testemunhas oculares de um milagre. A noite de 10 de dezembro já vinha chegando e era hora de reconduzir os rebanhos ao redil. Naquele momento, os pastores ouviram vozes harmoniosas entoando um cântico divino. Olharam para o céu e viram uma pequena casa cruzando os ares. Viram anjos, um deles com uma túnica vermelha, que acredita ser São Miguel Arcanjo, carregando a casa, que depois de algum tempo foi assentada numa colina de Loreto. O mais impressionante é que a casinha foi posta de um lado sobre a grama do bosque e de outro sobre uma pequena estrada. Mesmo assim, com a base em falso, ficou perfeitamente encaixada no local. O fenômeno jamais pôde ser explicado pelos cientistas. A pedido da Igreja, vários estudiosos, engenheiros, arquitetos, físicos e historiadores analisaram a casa e constataram detalhes impressionantes que comprovam o caráter inexplicável do surgimento dessa casa. O primeiro, e o mais inusitado, é não ter qualquer base de sustentação, como dissemos. Com um estudo mais minucioso, constatou-se que as pedras da construção não existem na Itália, mas somente na região de Nazaré; do mesmo modo, a porta de cedro, madeira só encontrada em Israel. Atestou-se ainda que as paredes de pedra foram levantadas com uma espécie de cimento feito de sulfato de cálcio e pó de carvão, mistura usada na Terra Santa e ignorada pelos construtores italianos. Quanto às medidas da casa, correspondem de modo perfeito às dimensões da base que se conserva em Nazaré. Enfim, é uma casa que segue o estilo encontrado na Galileia no tempo de Jesus.

Depois de várias construções, a basílica erguida em torno da Casa Sagrada de Nazaré milagrosamente transportada para Loreto tornou-se um dos centros marianos mais afamados do mundo, como lugar santo e fonte de copiosas graças recebidas das mãos liberais de Maria Santíssima.

São João Paulo II, durante seu papado, em visita à Casa-basílica de Loreto, disse: "O culto à Mãe de Deus nesta terra anda ligado, segundo antiga e viva tradição, à casa de Nazaré. A casa da Sagrada Família, o local da vida quotidiana e oculta do Messias. Foi o primeiro templo, a primeira igreja, sobre a qual a Mãe de Deus irradiou a própria luz, emanada do grande mistério da encarnação. Aceitai, ó Senhora de Loreto, ó Mãe da Casa de Nazaré, esta grande oração comum pela casa do homem de nossa época: a casa que prepara os filhos da terra inteira para a eterna Casa do Pai, no céu!"

Oração
Ó Maria, Virgem Imaculada e Mãe Santíssima, prostrados em espírito junto de vossa casa, que os anjos transportaram sobre a ditosa Colina de Loreto, cheios de confiança em vós Mãe Santíssima, humildemente elevamos a nossa prece. Entre aqueles santos muros vós fostes concebida sem pecado e, mais bela do que a aurora, viestes à luz. Na oração e no amor, o mais sublime, passastes os dias de infância e juventude, aí fostes saudada pelo anjo: "Bendita entre as mulheres" e vos tornastes mãe de Deus. Por tudo isto, ó Maria, vossos olhos misericordiosos a nós volvei, humildes filhos vossos, peregrinos neste vale de lágrimas, e concedei-nos todas as graças que vos pedimos: abençoai nossas famílias, consolai nossos doentes e dirigi nossos passos para a bem-aventurança eterna, na qual poderemos vos saudar com o anjo: "Ave Maria!" Amém!

Nossa Senhora de Caravaggio

No início do século XV vivia em Caravaggio, cidade italiana localizada entre Veneza e Milão, Giannetta (Janete) Vacchi, que era muito devota de Nossa Senhora. A jovem jejuava nas vésperas das festas marianas, que ela celebrava com grande fervor; e não deixava passar um só dia sem se recomendar à Mãe de Deus. Mesmo durante o trabalho no campo, ela parava alguns minutos para conversar com Maria por meio da oração.

História

Janete casou-se com Francisco Varoli por imposição da família e sofreu muito em suas mãos; pois, violento, ele a maltratava verbal e fisicamente. Janete suportava tudo com resignação, refugiando-se no colo da Virgem Maria com um fervor maior a cada dia. Perto de completar 32 anos, em 26 de maio de 1432, o marido a espancou. Ela ficou muito machucada; mesmo assim, ele a mandou cortar, sozinha, feno no campo. Antes de sair, Janete pediu forças a Deus para suportar as dores causadas pela agressão do marido. Chegando ao campo chamado Mazzolengo, distante cerca de 2km de Caravaggio, Janete começou seu árduo trabalho. Durante todo o período em que ficou lá, a pobre jovem rezou incessantemente a Nossa Senhora. A noite já ia chegando e ela se deu conta de que não conseguiria levar todo o feno ceifado em uma única viagem. Preocupada com o marido que a aguardava em casa, ela voltou seus olhos cheios de lágrimas para o céu e exclamou: "Oh, Senhora caríssima, ajudai-me: só de vós espera socorro a vossa pobre serva!" Foi naquele momento que lhe apareceu uma linda e nobre senhora, tendo nos ombros um manto azul e sobre a cabeça um véu branco adornado com uma coroa.

"Oh, Senhora minha santíssima!", exclama Janete em êxtase profundo. "Sim, eu sou a tua Senhora, mas não temas, filha: tuas preces foram, por minha intercessão, ouvidas por meu divino Filho, e já te estão preparados os tesouros do céu. Ajoelha-te, pois, e escuta reverente."

Janete vai percebendo a realidade sublime daquele momento e vê lágrimas nos olhos de Nossa Senhora. "Ouve atentamente, filha: o mundo, com suas iniquidades, havia excitado a cólera do céu. O meu divino Filho queria punir severamente esses homens iníquos, cobertos de pecados; mas eu intercedi pelos míseros pecadores com insistentes súplicas, e, finalmente, a ira de Deus se aplacou. Vai, portanto, comunicar a todos que, por causa deste assinalado benefício de meu divino Filho, devem jejuar numa sexta-feira a pão e água, e, em minha honra, festejar o sábado desde a véspera; eu reclamo isto como uma prova da gratidão dos homens pela singularíssima graça que para eles obtive. Vai, filha, e manifesta a todos a minha vontade."

As lágrimas de Maria foram derramadas por causa dos conflitos e desentendimentos existentes naquela época, como a proliferação das agitações sociais e a guerra civil na Itália. A Igreja Católica sofria pela falta de unidade, e muitos não reconheciam a autoridade do Papa Eugênio IV. Os conflitos religiosos e políticos afetavam a vida do povo e causavam dor aos corações de Jesus e Maria, Mãe da Igreja.

Depois das palavras de Nossa Senhora, Janete refletiu e perguntou: "Senhora, quem acreditará em minhas palavras? Sou uma pobre e desconhecida criatura". E Maria respondeu: "Levanta-te, minha filha, e não temas: faça corajosamente o que te comuniquei e ordenei; eu confirmarei com sinais as tuas palavras; e este lugar onde agora tu me vês se tornará célebre para toda Cristandade".

Ditas estas palavras, ela abençou Janete com o sinal da cruz e desapareceu, deixando no solo os vestígios de seus beatíssimos pés. Só depois de todo o diálogo a camponesa realmente acreditou que foi Nossa Senhora em pessoa quem fez o pedido a ela, o que a deixou paralisada por alguns instantes. Depois, a camponesa se pôs a beijar copiosamente as santas pegadas de Maria Santíssima; mas, apressada, correu de volta à sua aldeia, contando a todos o que havia visto e ouvido.

Milagres

O medo de Janete de que não acreditassem nela logo se transformou em confiança, pois todos aceitaram de pronto a notícia como verdadeira e, guiados por Janete, foram ao bem-aventurado lugar, admirando as santas pegadas impressas no solo, bem como a fonte que havia brotado ali milagrosamente. Não demorou muito para que os habitantes das redondezas de Caravaggio percebessem que a água da fonte operava curas.

A notícia se espalhou rapidamente, e muitos, mesmo os que moravam distante, acorriam a Mazzolengo para contemplar os santos vestígios dos pés de Maria e beber a água da fonte. Foi necessário formar uma comissão para organizar o acesso dos peregrinos.

Janete, na condição de *porta missionária* da paz, levou a mensagem de Nossa Senhora não só aos povos, mas também aos governantes. Em suas visitas, a humilde vidente levava a água da fonte milagrosa e realizava curas extraordinárias. Janete falou com autoridades de toda a Itália e inclusive do Oriente, a fim de tentar promover a união da Igreja sob o comando de Eugênio IV.

Além de ser um importante instrumento de Nossa Senhora para promover a paz na política e na Igreja, Janete conseguiu a paz em seu lar, pois Francisco acabou se tornando um esposo melhor. Conta-se que um homem chamado Graziano chegou à fonte milagrosa certo dia e, incrédulo, pegou um galho seco, atirou-o na água e disse: "Se é verdade que Nossa Senhora pisou esta terra, enverdeça este ramo". E o milagre aconteceu! O galho que tocou a água ficou coberto de flores e folhas viçosas.

Os fiéis agraciados por Maria começaram a fazer muitas doações, e logo o bispo local iniciou a construção de uma igreja. A primeira pedra do templo no local da aparição foi lançada no mesmo ano da aparição, em julho de 1432. Entretanto, a igreja só ficou pronta dezenove anos depois, sendo ampliada posteriormente por iniciativa de São Carlos Borromeu, que era arcebispo de Milão. Depois de séculos, quando o prédio ameaçava ruir, foi demolido e, em seu lugar, o famoso arquiteto Pellegrini construiu o majestoso santuário que existe hoje.

A devoção a Nossa Senhora de Caravaggio chegou ao Brasil em 1879 pelas mãos de imigrantes italianos que se instalaram no Rio Grande do Sul, sendo declarada pela Santa Sé, em 1959, padroeira da Diocese de Caxias do Sul.

Oração
Ó Maria, Rainha da Paz, vós que aparecestes a Janete qual íris da paz em dias de grandes agitações políticas e religiosas, sede portadora da paz e da harmonia para nossas famílias, para o Brasil e o mundo inteiro. Sede a portadora da união dos cristãos, para que haja um só rebanho e um só Pastor, como na Santa Ceia orou vosso Filho Jesus. Amém!

Nossa Senhora da Penha

Este título remonta ao século XV. Em maio de 1434, o monge francês Simão Vela sonhou com uma imagem da

Virgem Maria enterrada no alto da Serra Penha de França, localizada no Oeste da Espanha. A imagem estaria ali escondida por causa de uma guerra entre franceses e muçulmanos no início do século VIII. Os próprios católicos a enterraram para que não fosse destruída ou profanada pelos invasores islâmicos. No sonho, a imagem aparecia cercada de luz e acenando para que ele fosse encontrá-la, e esse sonho acabou se transformando em realidade.

História

Simão Vela procurou pela serra durante cinco anos, sem sucesso. Então, descobriu que existia um penhasco, tal qual ele sonhara, na região de Salamanca, para onde se dirigiu o mais rápido que pôde. Era uma serra muito alta e extremamente íngreme, com pontas de rochas no alto; era o local onde o rei Carlos Magno teria lutado contra a invasão dos mouros. Simão caminhou três dias e três noites ininterruptamente à procura da imagem sagrada. E por que não parava para descansar nem quando a noite caía? Isso porque, em seus sonhos, ele ouvia uma voz que lhe dizia: "Simão, vela e não dorme. Este foi o motivo de passar a ser chamado de Simão Vela".

Findos os três dias, já exausto e quase sem forças por escalar tão íngremes montes, o monge parou para descansar. Naquele momento ele viu uma formosa senhora com o filho ao colo sentada perto dele. Ela indicou-lhe o lugar onde encontraria o que procurava. Assim, ele chamou alguns pastores para ajudá-lo a cavar a terra e, imediatamente, Simão Vela conseguiu encontrar a deslumbrante imagem que tinha avistado em sonho.

Foi um momento de profunda alegria e êxtase, no qual se confirmou que tudo era uma revelação divina. Emocionado, ele se deu conta de que foi Nossa Senhora, que trazia o Menino Jesus consigo, que lhe indicou o local onde foi encontrada a imagem. Quão maravilhado não deve ter ficado este monge!

Simão Vela construiu uma capelinha muito simples por ali e começou a viver no local, pensando que teria uma vida de monge, isolada e tranquila. Aquelas paragens, porém, logo ficaram famosas pelo grande número de milagres e graças alcançadas por intermédio de Nossa Senhora da Penha, como passou a ser chamada a Virgem Maria, por ter aparecido na Serra Penha de França.

Milagres

Pouco tempo depois que a capelinha de Simão Vela começou a ficar célebre, a Espanha foi alvo de uma peste devastadora que matou grande parte da população. O povo, apavorado, recorreu à intervenção de Nossa Senhora da Penha, e, sem explicação, a peste desapareceu subitamente. Tempos depois, a mesma praga começou a fazer vítimas em Portugal. Assim, sabendo do acontecido no país vizinho, o Senado e a Câmara de Lisboa prometeram à Mãe de Deus construir um grandioso templo, se ela também os livrasse da doença. Os portugueses foram atendidos! Cumprindo a promessa, foi construído um grandioso santuário em louvor a Nossa Senhora da Penha na capital do país.

No Brasil, a devoção a Nossa Senhora da Penha veio com os portugueses, no século XVI. Dom João III, rei de Portugal, para viabilizar a administração da nova colônia nas Américas, dividiu-a em capitanias hereditárias, que seriam doadas a homens de sua confiança, geralmente fidalgos, militares ou pessoas de grandes recursos. Em 1534, Vasco Fernandes Coutinho, nobre português, recebeu de Dom João III a carta de doação e o título de aforamento da sua capitania. Em 23 de maio de 1535, Vasco aportou no local hoje denominado Prainha, na atual cidade de Vila Velha, no Espírito Santo. Nos primeiros tempos, o donatário teve muitas dificuldades e obstáculos para a expansão da colonização, obrigando-se a voltar para Portugal a fim de buscar mais homens; também trouxe padres, com o intuito de ajudá-lo a apaziguar os índios.

O frade espanhol Pedro Palácios, membro da Ordem Franciscana, foi um dos religiosos trazidos ao Brasil, e trouxe um quadro de Nossa Senhora das Alegrias. Desembarcando na Prainha, abrigou-se numa gruta de onde saía para dar conforto espiritual aos portugueses. Nossa Senhora das Alegrias, assim como Nossa Senhora dos Anjos, são devoções da Ordem dos Frades Menores. Num belo dia o quadro desapareceu da gruta. A tela foi encontrada entre duas palmeiras, no alto do penhasco ao pé do qual ele vivia. O fato se repetiu outras duas vezes. O aviso era claro: tratava-se de um pedido da Virgem, que escolhia, assim, o lugar destinado à sua devoção. Ele mesmo, que já era idoso, carregou os primeiros materiais até o cume do penhasco e iniciou a construção da capela, que foi inaugurada em 1570. No instante da inauguração, ao som dos sinos, a alma de Fr. Pedro Palácios subiu ao céu. Em bula de 23 de março de 1630, o Papa Urbano VIII proclamou Nossa Senhora da Penha como a protetora do Estado do Espírito Santo.

No Rio de Janeiro, por volta de 1635, um homem conhecido como Capitão Baltazar de Abreu Cardoso foi atacado por uma cobra no topo da montanha onde morava. Logo pediu a Nossa Senhora para ser salvo. Foi quando apareceu um lagarto que atacou a cobra, permitindo a fuga de Baltazar. Recuperado, o capitão decidiu erguer uma capela para Nossa Senhora. Como a construção ficava em cima do penhasco, as pessoas passaram a chamar o local de Igreja de Nossa Senhora do Alto do Penhasco, que, na verdade, quer dizer Nossa Senhora da Penha, já que a palavra penha se refere a um penhasco, ou seja, grande rocha na encosta de uma serra. O Capitão Baltazar doou todas as suas propriedades à Igreja de Nossa Senhora da Penha. A construção da escada dessa igreja também tem uma história fascinante. Em 1817, um casal muito devoto subia para a igreja quando a esposa, Maria Barbosa, fez uma promessa: se Nossa Senhora lhe desse a graça de ser mãe, ela construiria uma escadaria para facilitar o acesso dos fiéis. Um ano depois, o milagre aconteceu. A escadaria com 365 degraus, simbolizando os dias do ano, ficou pronta em 1819.

Em São Paulo, no século XVII, outro fato sobrenatural envolveu Nossa Senhora da Penha. Um comerciante francês viajava de Piratininga (SP) ao Rio de Janeiro, levando consigo uma imagem da Virgem Maria que trouxera de seu país. Ele pernoitou na região que hoje corresponde ao Bairro da Penha, ao pé de um morro chamado Aricanduva, na capital paulista. Logo cedo, retomou o trajeto e, mais adiante, se deu conta de que havia perdido a imagem. Voltou ao local do pernoite e a encontrou. No caminho, a imagem sumiu novamente e foi reencontrada no local do primeiro acampamento. O viajante entendeu o sinal e ali foi construída uma capela. A imagem que protagonizou a milagrosa passagem encontra-se hoje na Basílica de Nossa Senhora da Penha, erguida em 1957, próxima à antiga igreja que dá nome ao tradicional bairro da Zona Leste de São Paulo.

Oração

Ó Maria Santíssima, Senhora da Penha, em cujas mãos Deus depositou os tesouros das suas graças e favores. Eis-me cheio de esperança, solicitando com humildade a graça de que hoje necessito (pedido), pela qual vos agradeço. Recordai-vos, ó Senhora da Penha, que nunca se ouviu dizer que algum dos que em vós têm depositado toda a sua esperança, tenha deixado de ser atendido, ó boa Mãe. Assisti-nos nas agruras da vida, para que façamos delas sementes para um mundo mais fraterno e mais humano. Enxugai o pranto das pessoas que sofrem e consolai os aflitos em suas necessidades. Tudo isso vos pedimos por Jesus, vosso Filho e nosso Irmão. Amém!

Nossa Senhora do Bom Conselho

Agora vamos falar de um título da Virgem Maria que invocamos durante a ladainha: Nossa Senhora do Bom Conselho. Quem não gostaria de viver constantemente aconselhado por aquela Mãe amorosa que recebe as instruções e ensinamentos diretamente daquele que é a Sabedoria infinita, seu divino Filho, Nosso Senhor Jesus Cristo?

História
Esta é a história de um ícone milagroso que viajou flutuando pelo céu, da Albânia à Itália, estabelecendo-se em Genazzano, perto de Roma, no ano de 1467. Nele, Jesus e sua Santíssima Mãe estão bem próximos um do outro, e o Menino Deus fala ao pé do ouvido de Maria. Sublime! Encantador! Nossa Senhora acolhe as palavras de Jesus e nos mostra ali, naquela pintura, de forma simples e clara, que pode nos ensinar e interceder por nós, para que façamos tudo o que Ele nos disser durante toda a nossa vida.

A maravilhosa história que envolve o ícone de Nossa Senhora do Bom Conselho é atraente por si só e alimenta em nosso coração uma devoção confiante à Virgem Maria.

Milagres
Conta-se que em abril de 1467 a imagem da Mãe do Bom Conselho, que era fina como uma casca de ovo e havia sido pintada há poucos dias na Albânia (cidade de Scutari),

simplesmente se desprendeu do lugar onde estava e, admirável e misteriosamente, flutuou pelos ares. O percurso empreendido pela pintura sagrada foi longo, indo parar em uma igreja em ruínas, na cidade de Genazzano, província romana na região do Lácio, sendo venerada desde então.

Séculos se passaram, mas a devoção se fortalece mais e mais e alcança uma universalidade divina, pois sabemos que a todo instante cada um de nós tem de tomar decisões, mais ou menos importantes, que definem nossos próximos passos na vida temporal e no caminho da santidade, e sempre poderemos contar com nossa Mãe do céu. Maria foi agraciada por Deus com poder, sabedoria e misericórdia, como rezamos na devoção das três Ave-Marias, ensinadas por Nossa Senhora a Santa Matilde. E a superabundância da graça em Maria é para nós um alento, pois ela aplica seus dons a nosso favor e nos ilumina com seus sábios conselhos. Mais do que isso! A clemente, piedosa e doce sempre Virgem Maria intercede por nós para que possamos ouvir sua voz celestial nos conduzindo para entrarmos pelas portas certas em nossa vida.

Entre as várias paróquias espalhadas por todo o mundo, há uma igreja de Nossa Senhora do Bom Conselho no famoso Bairro da Moóca, especificamente na Rua da Moóca, na zona leste de São Paulo.

Então, não percamos a chance de nos prostrarmos aos pés de Nossa Senhora do Bom Conselho em nossas dúvidas e inseguranças do dia a dia, e estejamos certos de que encontraremos saídas e forças para seguir nosso caminho agradando a Deus nesta breve passagem para a vida eterna.

Oração
Ladainha de Nossa Senhora

Senhor, tende piedade de nós!
Cristo, tende piedade de nós!
Senhor, tende piedade de nós!

Cristo, ouvi-nos.
Cristo, atendei-nos.

Deus Pai do céu, *tende piedade de nós.*
Deus Filho Redentor do mundo...
Deus Espírito Santo...
Santíssima Trindade, que sois um só Deus...

Santa Maria, *rogai por nós.*
Santa Mãe de Deus...
Santa Virgem das virgens...
Mãe de Cristo...
Mãe da Igreja...
Mãe da misericórdia...
Mãe da divina graça...
Mãe da esperança...
Mãe puríssima...
Mãe castíssima...
Mãe sempre virgem...
Mãe imaculada...
Mãe digna de amor...
Mãe admirável...
Mãe do bom conselho...
Mãe do Criador...
Mãe do Salvador...
Virgem prudentíssima...
Virgem venerável...
Virgem louvável...
Virgem poderosa...
Virgem clemente...
Virgem fiel...
Espelho de perfeição...
Sede da sabedoria...
Fonte de nossa alegria...
Vaso espiritual...
Tabernáculo da eterna glória...
Moradia consagrada a Deus...
Rosa mística...
Torre de Davi...
Torre de marfim...
Casa de ouro...
Arca da Aliança...
Porta do céu...
Estrela da manhã...
Saúde dos enfermos...
Refúgio dos pecadores...
Conforto dos migrantes...
Consoladora dos aflitos...
Auxílio dos cristãos...

Rainha dos anjos...
Rainha dos patriarcas...
Rainha dos profetas...
Rainha dos apóstolos...
Rainha dos mártires...
Rainha dos confessores da fé...
Rainha das virgens...
Rainha de todos os santos...
Rainha concebida sem pecado original...
Rainha assunta ao céu...
Rainha do Santo Rosário...
Rainha da família...
Rainha da paz...

Cordeiro de Deus, que tirais o pecado do mundo, *perdoai-nos, Senhor*.
Cordeiro de Deus, que tirais o pecado do mundo, *ouvi-nos, Senhor*.
Cordeiro de Deus, que tirais o pecados do mundo, *tende piedade de nós*.

Rogai por nós, Santa Mãe de Deus, *para que sejamos dignos das promessas de Cristo*!

Oremos: Infundi, Senhor, em nossas almas a vossa graça, para que nós, que conhecemos pela anunciação do anjo a encarnação do vosso divino Filho Jesus, cheguemos, por sua paixão e cruz, à glória da ressurreição. Pelo mesmo Jesus Cristo, Nosso Senhor. Amém!

Nossa Senhora do Perpétuo Socorro

Conta-se que o ícone de Nossa Senhora do Perpétuo Socorro que veneramos foi pintada por São Lucas, *o evangelista de Maria e da infância de Jesus*. Os teólogos acreditam que São Lucas tenha ouvido diretamente dos lábios de Nossa Senhora todos os detalhes que relatou em seu Evangelho. Ele era médico, escritor e tinha o dom da pintura. Acredita-se que os quadros que saíam de suas mãos eram mais do que simples pinturas.

História
Em 1496, o ícone de Nossa Senhora do Perpétuo Socorro foi furtado de uma igreja da Ilha de Creta, na Grécia. O ladrão, um comerciante, queria vendê-lo em Roma. Durante o trajeto feito por mar, conta-se que ele e sua tripulação só foram salvos de uma tormenta devido à intervenção de Nossa Senhora. Quando ficou muito doente, no leito de morte, ele se arrependeu de seu pecado e pediu a um amigo que levasse o quadro para uma igreja, mas o ícone acabou ficando com a família do amigo, a pedido da esposa dele. Foi na casa do amigo do ladrão que a Virgem Maria se manifestou à filha caçula da família, dizendo: "Avise à tua mãe que Santa Maria do Perpétuo Socorro quer que a tires desta casa". Em outra ocasião, Nossa Senhora pediu que o quadro fosse levado à Igreja de São Mateus, próxima à Basílica de São João de Latrão. Em 1499, seus pedidos foram

finalmente atendidos. A história espalhou-se de tal maneira que, no caminho da casa da família até a Igreja de São Mateus, formou-se uma enorme procissão para acompanhar a imagem. O quadro foi colocado no local em março de 1499 e foi venerado durante 300 anos.

Em 1798, a igreja foi tomada pelos franceses, que invadiram Roma e saquearam os tesouros de arte do Vaticano, declarando o fim do poder temporal do Papa Pio VI e proclamando a República Romana com o modelo francês. O Convento e a Igreja de São Mateus, que estavam sob os cuidados dos agostinianos, foram quase totalmente destruídos. Parte dos religiosos passou para um convento vizinho e levou consigo o quadro. Apenas um dos sacerdotes venerava o ícone da Virgem do Perpétuo Socorro, o Ir. Agostinho Orsetti.

Milagres

Um jovem coroinha chamado Michele Marchi, que visitava constantemente a Igreja de Santa Maria, em Postérula, tornou-se amigo de Agostinho e tomou conhecimento da pintura sagrada, que parecia ter caído no esquecimento e ficava escondida num dos cômodos. Mas, em janeiro de 1855, um fato traria de volta a veneração à imagem sagrada. Os missionários redentoristas adquiriram a Villa Caserta, em Roma, para construir sua casa generalícia. Era exatamente a mesma propriedade em que se encontravam as ruínas da Igreja e do Convento de São Mateus; ou seja, sem se dar conta, eles tinham adquirido o terreno que outrora fora escolhido pela Virgem Maria para ser seu santuário. Os redentoristas começaram então a construção de uma igreja em honra ao Santíssimo Redentor e dedicada a Santo Afonso Maria de Ligório, fundador da Congregação. Em dezembro de 1855, um grupo de jovens começava seu noviciado na nova casa, sendo um deles Michele Marchi. Alguns fatos levaram os religiosos da Congregação à verdade sobre o local onde estavam se instalando. Um deles foi que o cronista da comunidade redentorista, examinando alguns autores que tinham escrito sobre as antiguidades romanas, encontrou referências à Igreja de São Mateus. Entre elas, havia uma citação particular, mencionando que naquela igreja havia um antigo ícone da Mãe de Deus, que gozava de "grande veneração e fama por seus milagres". Então, os redentoristas começaram a se perguntar onde poderia estar o quadro. Foi quando Pe. Marchi repetiu tudo o que ouvira do Ir. Agostinho, dizendo a seus confrades que sabia muito bem onde o ícone se achava.

Assim, o Papa Pio IX, concedeu o ícone, que estava com os agostinianos, à Congregação Redentorista, para que fosse colocado na recém-construída Igreja do Santíssimo Redentor e de Santo Afonso, com um pedido: "Fazei-a conhecida no mundo inteiro!" A entronização do ícone, já restaurado, foi feita em abril de 1866, depois de uma procissão comovente. A principal marca desta devoção são as *novenas perpétuas* feitas atualmente no mundo inteiro.

Ícone é o nome dado a uma pintura que, não sendo apenas um quadro ou uma obra de arte, é carregada de significados sagrados e leva seu observador à oração. O ícone de madeira de Nossa Senhora do Perpétuo Socorro tem 54cm de altura por 41,5cm de largura.

- Inscrições: na parte superior do quadro encontramos inscrições em grego, que significam: Mãe de Deus e Jesus Cristo.
- Arcanjos: acima dos ombros de Nossa Senhora encontram-se São Miguel e São Gabriel, que apresentam os símbolos da paixão e morte de Cristo na cruz, como a vara com a esponja embebida em vinagre e os cravos.
- Os olhos e a boca de Maria: os olhos estão voltados para nós, atentos às nossas necessidades. Sua boca guarda o silêncio.

- As mãos: as mãos de Jesus estão apoiadas nas mãos de Maria, gesto de confiança do Filho. A mão direita de Nossa Senhora aponta Jesus, e a mão esquerda o sustenta.
- Sandália desatada: simboliza, talvez, um pecador preso a Jesus por um fio, ou seja, pela devoção a Maria.

Oração
Ó Virgem Maria, Rainha de amor, tu és a Mãe Santa do Cristo Senhor! / Nas dores e angústias, nas lutas da vida, tu és a Mãe nossa por Deus concedida! / Perpétuo Socorro, tu és, Mãe querida! Teus filhos suplicam socorro na vida!

Nossa Senhora de Guadalupe, padroeira da América Latina

"Não te preocupes, não estou eu aqui que sou tua Mãe? Não estás, por acaso, em meu regaço?" Estas foram algumas das doces palavras que Nossa Senhora de Guadalupe dirigiu ao índio Juan Diego, no México, durante uma de suas admiráveis aparições, no século XVI. Além deste refrigério de sabermos que ela mesma nos diz que estamos sob seu abrigo, nossa Mãezinha do céu deixou, nessa aparição, sua imagem estampada milagrosamente no poncho do vidente. Sim, ninguém a descreveu desta vez; Maria se revelou tal como apareceu a Juan Diego e, portanto, temos a graça de vislumbrar a Mãe de Deus, grávida, pois está cingida com uma fita preta, em seu autorretrato nos deixado como presente pelos séculos!

A estampa de Nossa Senhora de Guadalupe desafia os cientistas ainda neste terceiro milênio, já que não se encontra nela vestígios de ter sido feita por mãos humanas. Fato extraordinário de tirar o fôlego e abrasar os corações até dos que têm a fé mais débil.

Vamos conhecer, então, os detalhes desta história que remonta a 1531.

História

As aparições aconteceram dez anos depois da conquista do México pelos espanhóis, não em sua totalidade, mas derrotando os astecas, povo formado por um conjunto de etnias indígenas que fazia sacrifícios humanos para seus deuses. Depois de 1521, ano do fim da batalha, ainda explodiam revoltas pontuais no território mexicano, promovendo um clima de grande tensão e afligindo toda a população do país. Maria exerceu um papel fundamental na implantação da fé católica do povo mexicano, e o relato mais importante das aparições de Nossa Senhora de Guadalupe, que contém os detalhes e diálogos deste acontecimento extraordinário, está no *Nican Mopohua*[7], que em náuatle (língua asteca), significa "Aqui se narra". O documento foi escrito em 1561 pelo nobre e culto Don Antonio Valeriano, da Etnia Naua, pertencente ao Colégio de Santa Cruz de Tlatelolco (nome de uma parte do território dividido do México naquela época).

Primeira aparição: o índio Juan Diego, de 57 anos, havia se convertido há pouco tempo, tendo sido batizado em 1526. No dia 9 de dezembro de 1531, antes do nascer do

---

7 Disponível em www.virgendeguadalupe.org.mx/el-relato/

sol, ele estava indo para o convento onde participaria da missa e do encontro de catequese. Juan Diego passava pelo Vale de Tepeyac, nos arredores da atual Cidade do México, quando ouviu os pássaros cantarem de uma forma tão sublime e encantadora, que lhe chamou deveras a atenção, levando-o a subir ao topo do monte. Em seguida, ouviu o som de uma voz mais encantadora ainda a lhe chamar: "Juanito, querido Juan Dieguito, aonde vai?"

Surpreso e extasiado, ele viu uma linda jovem mestiça diante dele, que resplandecia e fazia tudo se iluminar em volta, com um fulgor celestial. O índio respondeu a Nossa Senhora que estava indo conhecer as coisas de Deus.

Ela, então, lhe disse: "Saiba e entenda, você, o mais humilde dos meus filhos, eu sou a sempre Virgem Maria, Mãe do Deus vivo, por quem nós vivemos, do Criador de todas as coisas, Senhor do céu e da terra. Eu desejo que um templo seja construído aqui, rapidamente; então, eu poderei mostrar todo o meu amor, compaixão, socorro e proteção, porque eu sou vossa piedosa Mãe e de todos os habitantes desta terra e de todos os outros que me amam, invocam e confiam em mim".

Em seguida, a Virgem Maria disse a Juan Diego para que fosse ter com o bispo, para que fosse cumprido o que ela havia lhe pedido: "E para realizar esta tão maravilhosa obra, irás a casa do senhor bispo do México e lhe dirás que te envio para manifestar o que muito desejo, que nesta planície se edifique um templo. Contarás tudo o que viu, admirou e ouviu... Vai e põe todo o teu esforço neste trabalho".

Juan Diego partiu imediatamente para falar com o bispo, que não lhe deu crédito, pedindo para que ele voltasse outro dia, a fim de que eles pudessem conversar com mais calma.

Segunda aparição: no final da tarde daquele mesmo dia, o índio vidente voltou ao Monte Tepeyac triste e abatido. Comunicou seu fracasso a Nossa Senhora e lhe pediu para que encontrasse uma pessoa mais adequada para a tarefa: "[...] Encarecidamente lhe peço, Senhora e minha Menina [diante da jovem Nossa Senhora que via, faltavam-lhe palavras para se dirigir a ela], que instrua alguém mais importante, bem conhecido, respeitado e estimado para que acreditem. Porque eu não sou ninguém [...]". Porém, a Virgem Mãe disse a Juan Diego que ele mesmo é que deveria realizar a missão de conseguir a construção da igreja naquele local, e lhe deu uma ordem: "Meu filhinho, é indispensável que seja totalmente com a tua intervenção que o meu desejo se concretize. Imploro-te muito e com rigor ordeno-te que amanhã volte a ver o bispo. E faça-o ouvir a minha vontade muito claramente, para que faça o meu templo que te peço".

Terceira aparição: no dia seguinte, 10 de dezembro, Juan Diego voltou à residência do bispo franciscano Juan de Zumárraga. Esperou durante longas horas, mas não desistiu. Finalmente foi atendido. O bispo ainda se mostrou descrente e lhe disse para pedir um sinal a Nossa Senhora, para que acreditasse que era mesmo a Rainha do Céu, em pessoa, que o havia mandado falar com ele, pedindo-lhe a construção de um santuário.

O índio voltou ao topo do Tepeyac e contou à Virgem Maria sobre a petição de Dom Zumárraga. Ela disse-lhe que voltasse no dia seguinte para receber o sinal. "Está bem, meu filhinho, o mais amado. Amanhã, volte aqui para que leves ao bispo a prova, o sinal que ele te pediu. Com isso, ele acreditará e nunca mais desconfiará de ti".

Mas, no Domingo, dia 11 de dezembro, Juan Diego não retornou ao Tepeyac, pois o tio dele, Juan Bernardino, com quem o índio morava depois da morte de sua esposa, estava gravemente doente, e ele teve de permanecer em casa.

Quarta aparição: no dia 12 de dezembro, ainda de madrugada, como o médico já havia dito que não podia fazer mais nada pela saúde de Juan Bernardino, o vidente saiu em busca de um padre, pois seu tio disse que queria se confessar para morrer em paz. Juan Diego desviou do caminho de Tepeyac, a fim de evitar que Nossa Senhora o atrasasse e ele acabasse não chegando a tempo ao convento para conseguir o padre e levá-lo ao seu tio. Mas a Virgem Maria foi até Dieguito. Envergonhado, ele contou por que desviou do caminho e não foi ao encontro marcado com ela. Foi naquele momento que Nossa Senhora pronunciou estas sublimes palavras: "Ouve e coloca no teu coração, meu filho mais novo: o que te atemorizou, o que te afligiu não é nada... Não te preocupes, não estou eu aqui que sou tua Mãe? Não está por acaso em meu regaço? Não sou eu a fonte de tua alegria? Tu não estás no aconchego do meu manto, entre meus braços? O que mais tu precisas? Não deixes nenhuma outra coisa afligir-te, perturbar-te. Não te preocupes com a doença do seu tio, porque ele não morrerá dela por enquanto. Asseguro-te que ele já está bem".

Mais tarde, verificou-se que, exatamente naquele momento, o tio de Juan Diego ficou curado, pois Nossa Senhora apareceu ao mesmo tempo a Juan Bernardino. Foi quando a Virgem Maria revelou como gostaria de ser chamada naquele lugar: A Sempre Virgem Santa Maria de Guadalupe.

Aqui, vamos fazer uma pausa no relato das aparições para falarmos sobre a palavra Guadalupe, pois não há fontes históricas para explicar o nome, e o assunto não faz parte do *Nican Mopohua*. Para alguns estudiosos, quando Nossa Senhora comunicou seu nome a Bernardino, ela teria dito Coatlayopeuh, que no idioma náuatle significa *Aquela que esmaga a serpente de pedra*. De fato, os astecas adoravam deuses de pedra, a quem eram oferecidas vidas humanas em sacrifício. Para outros, a palavra correta teria sido Tequautlaxopeuh: *Aquela que afugenta os canibais*. Conta-se extraoficialmente que, pela pronúncia, os espanhóis compreenderam a palavra Guadalupe, nome de um povoado na

Espanha (Província de Cáceres) onde havia sido encontrada uma efígie de Nossa Senhora no século XIV. A veneração a esta imagem já era muito conhecida pelos espanhóis, e, portanto, pelo próprio Dom Zumárraga.

Milagres

Bem, após este parêntese, continuamos no diálogo entre Nossa Senhora e Juan Diego, depois que ela o tranquilizou sobre o estado de saúde do tio. Começava ali a preparação para o maravilhoso milagre das flores e da gloriosa estampa da imagem de Nossa Senhora de Guadalupe no poncho do índio.

A Virgem Maria disse: "Sobe, meu filho mais novo, ao cume da colina, onde me viste... lá você verá que existem muitas flores diferentes: corta-as, coloca-as todas juntas; então, volte aqui; traga-as à minha presença".

Quando Juan Diego chegou ao topo da colina, ficou maravilhado com a quantidade e a beleza das flores, já que não estava na época de desabrocharem, pois era inverno, havia geada, e, além do mais, as chamadas rosas de Castela encontravam-se entre espinhos, onde só cresciam os cactos. Ele começou a cortá-las e ajeitá-las na parte da frente do poncho, fazendo um tipo de nicho para as flores. Depois, desceu o monte para mostrá-las a Nossa Senhora. Ela ajeitou as belas flores no poncho do índio e disse: "Meu filhinho, estas flores diversas são a prova, o sinal que levarás ao bispo; de minha parte, tu dirás a ele para que veja meu desejo nelas e que, portanto, realize a minha vontade".

Nossa Senhora também lhe disse que só abrisse o poncho com as rosas na frente do bispo e que contasse toda a história de como ela lhe ordenou para subir a colina e colher as flores, a fim de que ele pudesse convencê-lo da veracidade de suas palavras.

Dieguito se pôs a caminho, feliz da vida, pois estava mais confiante para conversar com o bispo.

Mais uma vez, o índio esperou durante horas na portaria da residência de Dom Zumárraga, insistiu e implorou para vê-lo, mas o porteiro e outros serventes não o deixavam entrar. Curiosos, e vendo o índio disposto a não sair de lá enquanto não fosse atendido pelo bispo, quiseram ver o que ele tinha dentro do poncho. Na esperança de que mostrando um cantinho da capa onde estavam as flores, eles o deixariam entrar, abriu um pedacinho. Encantados, eles sentiram o perfume das rosas de Castela, que pareciam desabrochar na frente deles. Quando tentavam pegá-las com as mãos, elas se transformavam como que em flores pintadas no poncho. Os empregados do bispo correram para lhe contar o fato e ele percebeu que poderia ser o sinal pedido um dia antes a Juan Diego. Finalmente, mandou que o fizessem entrar.

Quando entrou, já por volta do meio-dia, o índio reverenciou o bispo e depois começou a contar tudo como Nossa Senhora lhe pedira. Ele relatou com detalhes como a Virgem Maria havia ajeitado docemente, e com suas próprias mãos veneráveis, as flores em seu poncho, para que ele as mostrasse ao bispo. Quando o índio desenrolou o poncho e disse "Aqui estão elas, por favor as receba", as flores caíram ao chão e a Mãe de Deus apareceu na vestimenta de forma esplendorosa e reluzente como uma pintura, tal qual a vemos hoje no santuário original. A começar pelo bispo, todos se ajoelharam para venerar a imagem divina jamais vista antes, a não ser por Juan Diego. Enquanto estavam prostrados, pareciam parados no tempo. Em lágrimas, Dom Zumárraga pediu perdão a Nossa Senhora por não ter atendido seu pedido antes. Quando se levantou, desamarrou a capa do índio com a imagem milagrosa e colocou-a em seu oratório. Ele convidou o vidente para ficar em sua residência naquele dia. Na manhã seguinte, pediu ao índio para que o levasse onde Nossa Senhora queria que fosse construído seu santuário. Juan Diego o levou ao cume do Tepeyac e disse que teria que ir urgentemente à casa do tio doente. Os serventes do bispo o acompanharam e, como Nossa Senhora havia pedido, Juan Bernardino contou que foi curado por ela, revelando como ela queria ser chamada. Bernardino foi levado à residência do bispo para dar este testemunho e também ficou hospedado lá. Enquanto o templo ia sendo erguido, o bispo colocou a estampa milagrosa na igreja matriz, para que toda a população pudesse vê-la e reverenciá-la. A conversão dos mexicanos foi abundante depois da aparição de Nossa Senhora.

Juan Diego viveu até os 74 anos, foi sepultado na primeira capela dedicada à Virgem de Guadalupe, junto de seu tio, e foi canonizado em 2002.

Os sinais dessa aparição de Nossa Senhora se multiplicaram com as investigações dos cientistas ao longo dos tempos. Perplexos, eles se renderam ao caráter sobrenatural dos fatos; portanto, a ciência não explica. Vamos enumerar aqui algumas das descobertas científicas que se tornaram públicas sobre a preciosa imagem deixada por Nossa Senhora nessa aparição, como em nenhuma outra.

Desde meados do século passado, médicos oftalmologistas, pesquisadores e fotógrafos revelaram seu espanto ao ver que os olhos de Maria na estampa refletiam a luz como um olho humano vivo[8]. Em 1979, o *expert* em computação gráfica, José Aste Tonsmann, desvendou algo que não deixa dúvida sobre a autenticidade do fato sobrenatural, a partir da ampliação da imagem por computador. Ele conseguiu mapear as córneas da Virgem de Guadalupe e verificou que 13 figuras apareciam no olho esquerdo e no direito, tal qual no processo de visualização do olho humano. Seriam as

---

8 Disponível em www.portalterradasantacruz.wordpress.com/tag/virgem-maria/page/2/

pessoas que estavam na sala quando o índio Dieguito abriu sua tilma (poncho). O especialista concluiu que Nossa Senhora deixou seu maravilhoso retrato exatamente como ela se encontrava invisivelmente na sala, vendo todos os que estavam na cena do milagre das rosas. Isso explicaria por que o índio, que no caso estava atrás dela, também aparece em suas córneas. A descrição dos personagens bate com as características físicas do bispo e dos demais espectadores que tiveram a graça de presenciar aquele momento milagroso.

Outro ponto impressionante é que a imagem de Nossa Senhora de Guadalupe está estampada em uma fibra de tecido frágil que não resistiria mais de 20 anos; no entanto, subsiste há séculos com um viço esplêndido.

Análises sobre a "pintura" do manto do índio comprovaram que a imagem não foi feita por mão humana nem por materiais fabricados pelo homem. O Prêmio Nobel de Química, Richar Kuhn, concluiu em seu estudo que não foram utilizados corantes, não há marcas de pincel e que os materiais encontrados na imagem não pertencem ao reino animal, vegetal nem mineral.

Em 1979, dois cientistas da Nasa submeteram o poncho a uma análise com raios infravermelhos e concluíram que o tecido não foi preparado para uma pintura, que não foi feito esboço nenhum e que nada, humanamente falando, explica a conservação do rosto, das mãos e do manto no autorretrato deixado pela Virgem Maria a toda a humanidade.

Oração

Perfeita sempre Virgem Maria, mãe do verdadeiro Deus por quem se vive – tu que, na verdade, és nossa Mãe compassiva –, buscamos-te e clamamos-te. Escuta com piedade nosso pranto, nossas tristezas; cura nossas penas, nossas misérias e dores. Tu que és nossa doce e amorosa Mãe acolhe-nos no aconchego do teu manto, no carinho de teus braços. Que nada nos aflija nem perturbe o nosso coração. Mostra-nos e manifesta-nos a teu amado Filho, para que nele e com Ele encontremos nossa salvação e a salvação do mundo. Santíssima Virgem Maria de Guadalupe, faz-nos mensageiros da Palavra e da vontade de Deus. Amém!

Nossa Senhora de Šiluva

Os lituanos têm uma grande devoção a Nossa Senhora desde o final do século XIV, quando o país se tornou cristão. Em 1608, com o protestantismo avançando na Lituânia, a Virgem Maria apareceu em Šiluva para mudar os rumos religiosos daquela nação.

A primeira igreja católica construída na Lituânia foi dedicada à Natividade de Nossa Senhora, no ano de 1457, por iniciativa do nobre Pertas Gedgauskas. Após 40 anos, um incêndio destruiu o templo de madeira, e um outro de alvenaria foi construído. Na parede central, em cima do altar, foi colocado um belo quadro de Nossa Senhora com o Menino Jesus, trazido de Roma. Acreditava-se que a imagem era milagrosa, devido às inúmeras graças alcançadas pelos fiéis; por isso, centenas de pessoas chegavam ao local para rezar diante da pintura.

No início do século XVII, a Reforma Protestante atingia toda a Europa. Sua doutrina se espalhou com força total, atingindo também a Lituânia, com o apoio da nobreza. Chegaram ao país muitos missionários protestantes, que foram tomando aos poucos muitas terras pertencentes à Igreja Católica.

Enquanto a Igreja de Nossa Senhora continuava de pé, os devotos e peregrinos conseguiam fazer visitas ao local. Mas em 1536, um novo incêndio destruiu o templo. O Pe. John

Holubka, pároco da Igreja de Šiluva, teve a inspiração divina de, com a ajuda de alguns fiéis, construir um baú de ferro onde colocou cuidadosamente o que restou do incêndio: a preciosa pintura da Santíssima Virgem Maria e do Menino Jesus, vestimentas litúrgicas e os documentos que provavam que Vytautas o Grande, havia doado aquele terreno à Igreja Católica. Então ele selou a caixa e a enterrou profundamente perto de uma grande rocha. Pouco tempo depois, as autoridades calvinistas se apoderaram da igreja, com a anuência do governador, que confiscou o terreno. Pe. John logo em seguida deixou a cidade e os católicos da região ficaram desolados por acreditarem que o templo da Virgem Maria jamais seria reconstruído. Os calvinistas se instalaram em Šiluva e montaram centros para preparar líderes, pastores, catequistas e professores protestantes. Tudo levava a crer que o catolicismo acabaria. A Virgem Maria se compadeceu do povo da Lituânia e, com a sua aparição em Šiluva, trouxe o ânimo que os católicos necessitavam.

História
No ano de 1608, as filhas do pastor protestante da região brincavam e cuidavam das ovelhas naquelas mesmas terras onde se encontrava outrora a igreja de Maria, mais precisamente no local onde ficava o altar. Numa grande pedra que lá havia, uma jovem e linda senhora apareceu com um menino ao colo. Suas vestes tinham as cores azul e branco, os cabelos longos e castanhos-claros caíam suavemente sobre os seus ombros e uma luz deslumbrante cercava os dois. Maria nada disse, mas olhou para as crianças com tristeza, chorando copiosamente, como se seu coração estivesse partido. De tão profusas, as lágrimas que corriam por sua face atingiam a rocha. As videntes assustadas não ousaram abrir a boca. Voltando para casa, contaram tudo a seus pais, e a história se espalhou rapidamente. No dia seguinte uma multidão de moradores da cidade foi ao lo-

cal da aparição. O pastor, acompanhado do professor do seminário protestante, Salomão, apareceu e, num discurso inflamado, recriminou o povo dizendo a todos que não acreditassem no que as crianças diziam.

"Se alguém apareceu [disse ele], então provavelmente era uma tentação do diabo." Naquele momento a bela mulher apareceu novamente, chorando em cima daquela pedra, como no dia anterior. Muito assustado, o pastor perguntou a ela: "Senhora por que choras?" E ela respondeu: "Choro porque neste lugar onde meu Filho era glorificado e meu nome era venerado agora se planta e se colhe". Sem mais uma palavra, ela desapareceu.

Os líderes calvinistas, não podendo desmentir o acontecido visto por muitas pessoas, reafirmaram que tudo era cilada do inimigo. A notícia da aparição se espalhou por toda a Lituânia, chamando a atenção do bispo da região, que designou Pe. Jonas Kazakevicius para analisar o caso.

Com as dúvidas sobre a aparição esclarecidas, o sacerdote começou seus trabalhos de reaver as terras da Igreja Católica de Šiluva. Um idoso centenário e cego, que se lembrava da história do templo de Nossa Senhora e dos objetos religiosos enterrados perto da pedra que havia no terreno, concordou em levar o sacerdote até o local. Assim que chegou, milagrosamente ficou curado da cegueira! Depois de render glórias a Deus, ele mostrou o local exato onde deveriam cavar para encontrar os objetos da antiga igreja. No cofre forjado, tudo estava perfeitamente preservado: a grande pintura de Nossa Senhora com o Menino Jesus, vários cálices de ouro, vestes litúrgicas, escrituras da igreja e especialmente o documento que comprovava que aquela terra pertencia à Igreja Católica.

Milagres
Em 1622, o Pe. Kazakevicius conseguiu na justiça, depois de um processo que durou 10 anos, a devolução do

terreno e de todos os bens da igreja que haviam sido confiscados pelos calvinistas, tornando-se o pároco da Igreja de Šiluva. Uma pequena capela de madeira foi construída por seus próprios meios. O quadro milagroso de Nossa Senhora voltou a enfeitar o altar e os católicos ficaram fortalecidos, manifestando sua fé em público novamente. Šiluva ganhou fama pelos milagres operados por intercessão de Maria, e milhares de visitantes acorrem ao santuário todos os anos, especialmente em 8 de setembro. O inusitado dessa aparição em Šiluva é que a Virgem Maria dialogou com um protestante para livrar os católicos da Lituânia da opressão.

Mesmo durante a ocupação protestante, em que o país perdeu sua identidade católica e as crianças foram educadas pelos calvinistas, os católicos lituanos não deixaram de rezar no local da aparição.

Ao longo dos anos, a Igreja de Nossa Senhora de Šiluva aumentou de tamanho para acomodar um grande número de fiéis. Em 17 de agosto de 1775, a aparição foi autenticada por um decreto papal emitido por Pio VI, com permissão para coroar solenemente a Virgem Maria e Jesus na imagem milagrosa de Šiluva. Em 8 de setembro de 1991, o Cardeal Vincentas Sladkevicius e o presidente do Parlamento, Vytautas Landsbergis, confiaram a Lituânia ao Imaculado Coração de Maria. Em setembro de 1993, o então Papa João Paulo II visitou o Santuário de Nossa Senhora de Šiluva e a chamou de *Rainha da Paz*.

Oração
Ó Santíssima Virgem Maria, que aparecestes aos pastores nos campos de Šiluva, vós, cujas lágrimas banharam a rocha, onde um altar se levantou, e que dissestes com voz lamentável:

"Tu arado e semente aqui onde antigamente meu filho foi honrado", concedei-nos que nós, movidos pelas vossas lágrimas, possamos, uma vez mais, como fizeram nossos antepassados, reviver o espírito de adoração de vosso Filho em nossos fracos corações e fortalecer a estrutura cambaleante do santuário, que é a família. Ó Mãe de Deus, desejamos reerguer a glória de vossa revelação das ruínas esquecidas, para que possamos vos honrar, Padroeira da Lituânia, e com a vossa ajuda obtende-nos o espírito de uma fé viva. Através de Cristo, nosso Senhor. Amém!

Nossa Senhora de Nazaré

Agora vamos falar de uma devoção a Nossa Senhora que movimenta a cidade de Belém, no Pará, Norte do Brasil, e que reúne cerca de dois milhões de devotos do país inteiro, todos os anos, nas romarias e procissões. Sem dúvida, um espetáculo impactante da fé em Nossa Senhora sob o título de Nazaré. O Círio em honra à Virgem Maria é celebrado no Brasil desde 1793, sempre no segundo domingo do mês de outubro. Esta é uma devoção herdada de Portugal, que celebra Nossa Senhora de Nazaré em 8 de setembro.

História
Este título de Nossa Senhora surgiu no primeiro século do cristianismo. Diz a tradição católica que foi o próprio São José quem esculpiu uma imagem de Maria em madeira, na cidade de Nazaré, na Galileia, onde moravam, e que São Lucas Evangelista a pintou com uma técnica chamada de *encarnação*, que consiste em imitar o efeito da carne humana nas partes do corpo que ficam visíveis, como o rosto e as mãos.

Mais tarde, quando a perseguição aos cristãos se intensificou, muitos buscaram refúgio na Península Ibérica. Acredita-se que, assim, a imagem tenha sido levada para o Mosteiro de Cauliniana, na Espanha, próximo a Mérida, ficando lá até o ano de 711, época da invasão dos mouros. Derrotado por este povo, Rodrigo, o rei da Península Ibérica, fugiu para o oeste (posteriormente território de Portugal) com sua família e o Fr. Romano, que conhecia por frequentar o Mosteiro de Cauliniana. Eles levaram consigo as relíquias de São Brás, São Bartolomeu e a imagem de Nossa Senhora de Nazaré. Antes de morrer, o religioso escondeu a efígie numa gruta, onde ficou por mais de 400 anos.

Milagres

No início do século XII, o primeiro rei de Portugal, Dom Afonso Henriques, foi vitorioso no intento de expulsar os mouros de seu território, em grande parte graças a um grupo de bravos cavaleiros, entre os quais se destacava Diego Fuas Roupinho, um grande amigo do rei. Roupinho tornou-se o personagem central da volta da devoção a Nossa Senhora de Nazaré. Certa vez, ele galopava em perseguição a um cervo numa região de altos penhascos sobre o Atlântico, quando o animal em fuga caiu da alta montanha num precipício. Como a neblina era densa naquele momento, o jovem fidalgo estava indo diretamente para o abismo, quando, sem perceber, lembrou-se da capelinha que havia avistado durante o percurso e invocou Nossa Senhora. No mesmo instante, o cavalo parou de súbito antes do abismo. A força do animal foi tamanha na freada, que suas patas traseiras teriam ficado marcadas no rochedo.

Depois do sobressalto, Roupinho foi até a capela para agradecer sua protetora por lhe ter salvado a vida. Ajoelhou-se aos pés da imagem de Nossa Senhora e viu um pergaminho preso a ela. Com grande admiração, ele leu a história da efígie da Virgem de Nazaré. O documento informava que, quando os imperadores do Oriente, sucessores de Constantino, começaram a perseguir o culto às imagens, um monge grego do Convento de Nazaré conseguiu tirar da capela uma estátua da Mãe Santíssima, fugindo com ela para a África. De lá, a imagem havia sido levada à Espanha, onde permaneceu durante muito tempo num mosteiro próximo à cidade de Mérida, sendo venerada por seus inúmeros milagres. O pergaminho também contava o restante da caminhada da imagem, revelando que fora o Fr. Romano quem a havia deixado junto com o documento naquele local, cerca de 400 anos antes. Caminhos de Deus!

Não demorou muito, e Diego Fuas Roupinho mandou erguer naquele local um santuário que perpetuasse o culto à sua protetora, Nossa Senhora de Nazaré, já que a imagem adveio dessa cidade da Terra Santa. Mais tarde, o príncipe Dom Fernando, filho de Dom João II, mandou construir ali uma bela igreja, ricamente ornamentada pela família real. Perto do templo formou-se a Vila de Nazaré, uma das mais tradicionais povoações de pescadores de Portugal. A basílica fica num lugar bem alto e pode ser avistada do mar; por isso, Nossa Senhora de Nazaré tornou-se a Padroeira dos Navegantes. Os jesuítas propagaram essa devoção por toda a Europa. Com o tempo, a forte devoção cruzou o Atlântico.

A devoção chegou ao Brasil. Conta-se que, em 1700, o caboclo Plácido José de Souza encontrou, às margens do Igarapé Murutucu, uma pequena imagem da Virgem de Nazaré, coberta com uma verdejante trepadeira, como se estivesse em um nicho feito pela natureza. Muito piedoso, o caçador a levou para sua choupana. Muitos conhecidos de Plácido, que moravam naquela região da Amazônia, foram até a casa dele para venerar Nossa Senhora, que carregava nos braços o menino Jesus. Acontece que, alguns dias depois, a imagem sumiu. Plácido voltou ao local onde a havia encontrado, e lá estava ela. O fato extraordinário chegou ao conhecimento das autoridades paraenses e a efígie foi identificada como sendo uma réplica de Nossa Senhora de Nazaré, que era venerada em Portugal. A imagem foi recolhida pelo governo de Belém, de onde também desapareceu. Fora encontrada novamente no nicho em que estava quando Plácido a encontrou. Sendo assim, compreendendo que a Virgem Maria desejava ser venerada naquele local, o governo mandou construir um abrigo de palha para protegê-la. Aos poucos, houve inúmeros relatos de graças alcançadas pelos devotos que rezavam venerando Nossa Senhora de Nazaré naquela pequena imagem. Tempos depois, uma igreja foi erguida no local, com taipa e coberta de palha. A Basílica de Nossa Senhora de Nazaré foi erguida em 1852, no mesmo lugar, e, em 1909, teve início a construção da grande catedral, inaugurada somente em 1923, sendo a única basílica da Amazônia Brasileira.

A procissão do Círio de Nazaré foi instituída pelo governador Dom Francisco de Sousa Coutinho em 1790. Em 1792, o Vaticano autorizou a realização da procissão em Belém, em homenagem à Nossa Senhora de Nazaré, padroeira do Pará. O primeiro Círio foi realizado no dia 8 de setembro de 1793 e, a partir de 1901, por determinação de Dom Francisco do Rêgo Maia, a procissão passou a ser realizada sempre no segundo domingo de outubro. A multidão de devotos acompanha a procissão que sai da Catedral de Belém e segue até a Praça Santuário de Nazaré, onde a pequena imagem de 28 centímetros de altura fica exposta para veneração. Os meios de comunicação espalham as imagens dessa festa religiosa magnífica pelo mundo inteiro, tornando-a mais e mais conhecida. No início, as celebrações ocorriam durante a noite; por isso eram necessários os círios. Círio é uma palavra que vem do latim e significa vela grande. Por sua magnitude, em 2004, o Círio de Nazaré foi registrado pelo Instituto do Patrimônio Histórico e Artístico Nacional (Iphan) como patrimônio cultural de natureza imaterial, sendo uma das maiores e mais encantadoras procissões católicas do mundo; e a Basílica de Nossa Senhora de Nazaré é um dos principais patrimônios históricos de Belém.

Uma curiosidade. Diz-se que a imagem encontrada pelo caboclo Plácido tinha um manto azul com gotas de orvalho. Hoje, a cada ano, é feito um manto diferente, geralmente confeccionado com fios de ouro, pedras e bordados; afinal, o manto é para a Rainha do Universo! As preciosidades ficam guardadas para posterior exposição no Memorial do Círio.

Oração
Ó Virgem Imaculada de Nazaré, fostes na terra criatura tão humilde a ponto de dizer ao Anjo Gabriel: "Eis aqui a escrava do Senhor". Mas por Deus fostes exaltada e preferida entre todas as mulheres, para exercer a sublime missão de Mãe do Verbo Encarnado. Adoro e louvo a Altíssimo que vos elevou a essa excelsa dignidade e vos preservou da culpa original. Quanto a mim, soberbo e carregado de pecados, sinto-me confundido e envergonhado perante vós. Entretanto, confiando na bondade e ternura de vosso coração imaculado e maternal, peço-vos a força de imitar a vossa humildade e participar da vossa caridade, a fim de viver unido pela graça ao vosso divino Filho Jesus, assim como vós vivestes no retiro de Nazaré. Amém!

Nossa Senhora de Laus

As aparições de Nossa Senhora em Laus, Província de Dauphiné, Sul da França, foram as mais recentes reconhecidas pelo Vaticano, embora tenham acontecido entre o final do século XVII e início do século XVIII. Novamente, nossa Mãe do céu se dirigiu a uma pastorinha, desta vez Benoîte Rencurel, para enviar ao mundo uma forte mensagem sobre a importância dos sete sacramentos: Batismo, Crisma, Eucaristia, Confissão, Unção dos Enfermos, Ordem e Matrimônio. Nossa Senhora evidenciou principalmente o Sacramento da Penitência ou Reconciliação, que chamamos mais frequentemente de Confissão, tendo em sua invocação um subtítulo: "Refúgio dos Pecadores".

História

Em maio de 1664 teve início um relacionamento que se estendeu por 54 anos entre Benoîte e a Virgem Maria. Depois de ouvir a homilia do sacerdote de sua paróquia, Benoîte sentiu o desejo profundo de encontrar a Mãe da Misericórdia. Pouco depois deste rompante interior, quem apareceu à jovem pastora de 17 anos foi São Maurício, um santo muito querido naquela região francesa. Ele lhe comunicou a esplendorosa notícia de que o seu desejo seria atendido em breve.

A partir do dia seguinte, uma "bela senhora" apareceu diariamente a ela perto da pequena aldeia onde morava em Saint-Etienne d'Avançon, na região dos Alpes Franceses, nos momentos em que a pastorinha cuidava do rebanho de vizinhos e rezava o terço. Primeiramente, os encontros aconteceram durante quatro meses seguidos, tempo em que Nossa Senhora foi preparando a menina para sua futura missão de conquistar almas para Jesus, rezando e ajudando os pecadores a se reconciliarem com Deus. Portanto, Benoîte começou a receber uma formação catequética intensiva diretamente da Virgem Maria, o que transformou seu comportamento e sua vida espiritual. Foi somente no dia 29 de agosto daquele ano que Nossa Senhora revelou sua identidade, dizendo: "Eu sou a Virgem Maria, a mãe do meu querido Filho Jesus".

No final de setembro, após um mês de ausência, Maria reapareceu, mas do outro lado do vale, e a jovem lhe perguntou: "Minha Senhora, como é que me privaste da honra de te ver por tanto tempo?" Nossa Senhora lhe disse: "Vá a Laus e encontrará uma capela de onde exalará um bom aroma. Lá, muitas vezes falará comigo".

No dia seguinte, Benoîte foi ao vilarejo próximo de Laus e, graças aos perfumes que exalavam do recanto, vislumbrou a capela dedicada à Nossa Senhora do Bom Encontro, um lugar praticamente abandonado. Lá dentro, de pé sobre o altar, Maria revelou à vidente: "Pedi ao meu Filho este lugar para a conversão dos pecadores, e Ele me concedeu".

Então Nossa Senhora confiou a Benoîte a missão de construir uma igreja e uma casa para os sacerdotes, a fim de atrair um grande número de cristãos. Maria estava preocupada com a falta de assistência religiosa, não só naquele povoado, mas em todos os lugares onde não havia igrejas e sacerdotes para administrar os sacramentos. Em suas mensagens, Nossa Senhora insistiu na necessidade de todo cristão buscar a reconciliação com Deus por meio da confissão dos pecados aos padres, para serem perdoados por Deus, no intuito de que todos compreendessem que a Igreja é uma unidade e que ninguém consegue se salvar sozinho. Jesus instituiu o Sacramento da Ordem e deu aos seus apóstolos o poder de perdoar os pecados: "Novamente, Jesus disse: 'A paz esteja convosco. Como o Pai me enviou, também eu vos envio'. E, depois de ter dito isso, soprou sobre eles e disse: 'Recebei o Espírito Santo. A quem perdoardes os pecados, eles lhes serão perdoados; a quem os não perdoardes, eles lhes serão retidos'" (Jo 20,21-23).

Veja que, mesmo sendo uma simples pastora, Benoîte levou adiante o projeto de Nossa Senhora. A igreja foi construída entre 1666 e 1669. No dia da dedicação, a jovem vidente tornou-se membro da Ordem Dominicana.

Benoîte recebeu o dom de ler a consciência das pessoas, e ela cumpriu seu ministério com muita humildade, iluminando o processo de conversão dos peregrinos e enviando-os aos sacerdotes, que, por sua vez, ficavam maravilhados com a qualidade das suas confissões. Curas e conversões numerosas proliferaram em Laus desde que a Virgem Maria apareceu por aquelas paragens, e, posteriormente, espalharam-se pelo mundo.

Durante 54 anos, Nossa Senhora continuou a visitar a vidente para apoiá-la em seu apostolado e para continuar sua educação espiritual. Benoîte ficou conhecida como a mística da compaixão. Além das aparições marianas, ela via anjos, vários santos e teve experiências místicas, como a visão do paraíso. Entre 1669 e 1684, a vidente de Laus foi abençoada cinco vezes com a visão de Cristo crucificado. Assim unida a Ele, Benoîte experimentou uma "crucificação mística" todas as sextas-feiras, durante vários anos. Benoîte passou por inúmeras provações, como ataques espirituais e a oposição de padres inclinados ao jansenismo. A vidente de Laus morreu aos 71 anos, em 1718, rodeada pelos sacerdotes do santuário, e está em processo de beatificação.

A capela das aparições mantém o nome de Bom Encontro em referência ao apelo de Nossa Senhora para que todos nós, católicos, corramos ao encontro do Senhor, que não cessa de vir até nós.

Milagres

No primeiro ano das aparições, a Mãe de Deus disse a Benoîte que o óleo da lâmpada do tabernáculo, se fosse aplicado com fé pelos devotos, promoveria curas no corpo e na alma. Desde então, esse óleo tem sido um sinal da graça divina para todos os que visitam o santuário com pureza de coração. Somente em 1891, a Igreja de Laus foi elevada à categoria de basílica, ao redor da qual foi construído o imenso santuário, que oferece um itinerário para os locais das aparições de Nossa Senhora.

As aparições foram implicitamente reconhecidas desde o início das peregrinações, autorizadas em setembro de 1665 pelo arcebispo de Embrun; porém, a Igreja só as aprovou oficialmente mais de 300 anos depois. O decreto de reconhecimento foi promulgado em 4 de maio de 2008, quando o bispo de Gap e Embrun, Jean-Michel de Falco Leandri, declarou: "Animo todos os fiéis a virem, orarem e procurarem renovação espiritual neste santuário".

Oração
Senhor, cheio de ternura e de misericórdia, dá-nos tua bênção por meio de teu Filho Jesus. Senhor, que nos deu Laus, refúgio dos pecadores, dá-nos tua bênção por meio de Maria, nossa Mãe, que veio a este refúgio visitar os homens em seus sofrimentos. Dá-nos tua bênção por meio de Benoîte Rencurel, por seu testemunho e pelos 54 anos à escuta da Bela Senhora. Assim, Senhor, pela intercessão de Maria, morada do Espírito Santo, transforme nossos corações de pedra em corações de carne. Faça com que, a exemplo de Benoîte, deixemos nos transformar para viver, hoje e sempre, a fidelidade ao Evangelho na Igreja e no mundo. Amém!

Nossa Senhora Desatadora dos Nós

Este título foi dado a Nossa Senhora pelos fiéis de Augsburg, Alemanha, por volta do ano de 1700. O pároco da Capela São Pedro, localizada naquela cidade, encomendou um quadro de Nossa Senhora ao pintor Johann Schmidtner, que era um católico fervoroso e gostava de estudar os textos dos Padres da Igreja. A encomenda foi feita pelo Pe. Hieronymus Ambrosius Langenmantel em agradecimento a Nossa Senhora por uma graça que a família dele havia alcançado.

História

Antes de realizar a obra encomendada pelo Pe. Ambrosius, o artista buscou inspiração em Santo Irineu, bispo em Lyon (França) e mártir que se tornou um dos mais importantes escritores cristãos. Em um de seus textos do ano de 208, em que meditava sobre o poder da Virgem Santíssima, havia esta frase: "Eva atou o nó da desgraça para o gênero humano; Maria, por sua obediência, o desatou". Com estas palavras em mente, Johann pintou um quadro representando a Virgem Maria como no momento de sua assunção, parecendo estar entre o céu e a terra. Acima dela, o Espírito Santo derrama sua luz. Em sua cabeça há 12 estrelas, lembrando o texto do Apocalipse. Do lado esquerdo, um anjo parece lhe entregar uma fita com nós grandes e pequenos. Esses nós são a representação do pecado original e dos nossos pecados cotidianos, que nos levam para longe de Deus e, muitas vezes, trazem-nos o perigo de perder o céu e merecer o inferno. Do lado direito, a fita aparece sem nós, depois de passar pelas mãos de Maria, e desce lisa até as mãos de outro anjo. Sendo assim, a imagem logo ficou conhecida como Nossa Senhora Desatadora dos Nós.

Na parte inferior do quadro percebe-se uma área escura, onde se vê um homem sendo guiado por um anjo até o topo da montanha. Trata-se do arcanjo São Rafael, que aparece no belo Livro de Tobias. São Rafael, que quer dizer Cura de Deus, acompanha Tobias e o ajuda a encontrar Sara, sua futura esposa. No livro bíblico, Tobias enfrenta uma longa e penosa viagem procurando a cura para seu pai que havia ficado cego. É precisamente nessa viagem que ele conhece Sara, mulher temente a Deus, mas que padecia de uma maldição. Ela já havia se casado sete vezes, mas, sempre na noite de núpcias, seu marido morria por causa de um demônio. São Rafael ensinou Tobias a neutralizar o poder do demônio com oração, jejum e puro amor à castidade. Assim, a obediência de Tobias ao arcanjo foi fundamental para a libertação de Sara daquela maldição. Eles se casaram e Tobias voltou para casa para dar o remédio que São Rafael lhe mandara fazer, curando o pai, Tobit da cegueira.

Vários nós tiveram que ser desatados para que essa história pudesse ter um final feliz.

Na pintura, podemos entender também que São Rafael está conduzindo o homem à nossa maior intercessora: a Virgem Maria.

E assim é a imagem de Nossa Senhora Desatadora dos Nós: plena de mensagens que permeiam a vida da humanidade em sua caminhada de fé.

Milagres

Desde que o quadro foi colocado na capela de Augsburg, Nossa Senhora Desatadora dos Nós é invocada como a *Mãe que desata os nós do pecado e dos problemas que nos aprisionam*. A obra original encontra-se na capela até hoje e está sob os cuidados dos jesuítas, e por ela muitos milagres de conversão acontecem. Em várias outras partes do mundo existem igrejas dedicadas a Nossa Senhora Desatadora dos Nós. No Brasil, em Campinas, há um santuário que contempla este título da Virgem Maria.

A belíssima imagem, quer esteja em Augsburg, quer em outras partes do mundo, deve ser admirada sempre com os olhos da alma, pois descortina um simbolismo magnífico e encantador, além de extremamente consolador: saber que nossa Mãe do céu tem o poder de resolver tudo aquilo que somos incapazes, levando para longe tudo o que nos causa danos e nos paralisa em nossa breve passagem para a vida eterna.

Em cada detalhe deste sinal visível de nossa Mãezinha do céu uma chama de esperança deve se acender em nosso coração. Afinal, podem ser nossos anjos da guarda retratados na pintura! Que doce refrigério para a alma, não é mesmo? O anjo que Deus designou para levar cada um de nós ao céu apresenta a Maria nossas dores, e ela nos cumula de benefícios com seu desvelo maternal e suas mãos reparadoras. Há um consenso de que os símbolos existentes no quadro sagrado expressam esperança, misericórdia e vitória sobre o mal.

O Papa Francisco tem grande devoção a Nossa Senhora Desatadora dos Nós e já divulgava essa piedade na Argentina. No dia 31 de maio de 2021, último dia da maratona de oração com a recitação do terço pelo fim da pandemia, o papa coroou a imagem trazida de Augsburg (Alemanha): uma réplica única do ícone original feita em 2015 por ocasião de uma grande peregrinação na Bavária, e presenteada a Francisco pelo bispo de Augsburg, Dom Bertram Johannes Meier. Esta foi a oração colocada pelo papa em suas redes sociais naquele dia, pedindo à Virgem Maria que desatasse os nós do sofrimento que uniu o mundo neste tempo de crise sanitária, mas também das relações econômicas, psicológicas e sociais[9].

Oração
Suplicamos a ti, ó Mãe santa, desata os nós que nos oprimem, para que possamos testemunhar com alegria o teu Filho e Senhor nosso, Jesus Cristo. Ó Maria, tu, que sabes desatar os nós de nossa existência e conheces os desejos do nosso coração, vem em nosso auxílio. Estamos confiantes de que, como em Caná da Galileia, farás com que

---

9 Disponível em www.vaticannews.va/pt/papa/news/2021-05/terco--maratona-31-de-maio-jardim-vaticano.html

a alegria possa voltar às nossas casas após este tempo de provação. Ajuda-nos, Mãe do Divino Amor, a nos conformarmos à vontade do Pai e a fazer o que nos diz Jesus, que tomou sobre si os nossos sofrimentos para nos conduzir, pela cruz, à alegria da ressurreição. Amém![10]

Nossa Senhora Aparecida, padroeira do Brasil

Como uma história pode ser tão singela e poderosa ao mesmo tempo, a ponto de nos levar diretamente aos braços da Mãezinha do céu só de ouvi-la? Assim, foi a aparição da pequenina imagem de Nossa Senhora Aparecida nas águas do Rio Paraíba (SP), um acontecimento grandioso em meio a uma simples pescaria.

História
O encontro da imagem de Nossa Senhora Aparecida aconteceu em 1717, época das capitanias hereditárias. De acordo com documentos históricos, em 4 de setembro de 1717, Dom Pedro de Almeida Portugal, Conde de Assumar, foi empossado como novo governador da Capitania de São Paulo e Minas. Ele logo mostrou interesse em conhecer toda

---

10 Disponível em www.twitter.com/Pontifex_pt/status/1399387696347365381

a sua capitania e marcou uma visita à Vila de Santo Antônio de Guaratinguetá para o início de outubro daquele ano. Não há relatos precisos, mas se diz que Dom Pedro de Almeida teria chegado entre 11 e 12 de outubro àquela cidadezinha. A Câmara da vila convocou os pescadores a apresentar todos os peixes que conseguissem para serem preparados no banquete de boas-vindas ao novo governador.

Entre tantos outros, diante da notificação da Câmara, os pescadores Domingos Garcia, Felipe Pedroso e João Alves lançaram suas redes no Rio Paraíba. Alguns relatos dão conta de que os três companheiros de pesca rezaram a Nossa Senhora pedindo sua intercessão para que tivessem sucesso na pescaria. Mas as redes voltaram vazias inúmeras vezes, fazendo-os quase perder a esperança de contribuir com o banquete que havia movimentado todo o lugarejo. Foi nestas circunstâncias que, surpreendentemente, eles tiram das águas escuras do rio o corpo de uma estatueta. Os três continuaram descendo o rio e eis que vem para as redes a cabeça que encaixava perfeitamente ao corpo da imagem. Começava aí o enredo de uma pesca admirável cercada de fatos extraordinários que incenderam a piedade dos fiéis da região de Guaratinguetá, espalhando-se pouco a pouco, divinamente, pelos quatro cantos do país.

Quando a imagem apareceu, foram incontáveis os peixes que Domingos, Felipe e João apanharam em suas redes. A quantidade foi tamanha, que ameaçava afundar a canoa, fazendo-os voltar logo ao porto.

A imagem encontrada pelos pescadores media 38cm de altura e apresentava cor bronzeada. Os três pescadores limparam com grande cuidado a estatueta e verificaram que representava Nossa Senhora da Conceição. Antes de levarem os peixes para o banquete, entregaram os pedaços da estátua a Silvana da Rocha Alves, esposa de Domingos, irmã de Felipe e mãe de João, que reuniu as duas partes com cera. A imagem foi colocada em um pequeno nicho na casa de Felipe Pedroso. De forma natural, uma devoção mariana teve início, pois os vizinhos dos pescadores principiaram a rezar aos sábados na casa da família. Logo, o povo começou a invocar Nossa Senhora da Conceição que apareceu no Rio Paraíba, como a *Senhora Aparecida*. Entre 1717 e 1732, a imagem peregrinou pelas regiões de Ribeirão do Sá, Ponte Alta e Itaguaçu, pois começaram a surgir relatos de graças recebidas pelos devotos que invocavam Nossa Senhora diante da pequenina imagem. Em 1732, Felipe entregou a efígie a seu filho Atanásio, que, movido por sua fé, construiu o primeiro oratório aberto ao público, no Porto de Itaguaçu. Especialmente aos sábados, dia em que a Igreja Católica dedica a Nossa Senhora, todos se reuniam para rezar o rosário, a ladainha e cantar hinos marianos.

O oratório se transformou no maior santuário mariano do mundo!

Por volta de 1734, o vigário de Guaratinguetá, com a ajuda de alguns paroquianos, mandou construir uma capela no alto do Morro dos Coqueiros, atual colina onde está localizado o centro da cidade de Aparecida, em terra doada pela viúva Margarida Nunes Rangel. No dia 20 de abril de 1822, em viagem pelo Vale do Paraíba, Dom Pedro I e sua comitiva visitaram a capela e conheceram a imagem de Nossa Senhora Aparecida. A partir daí, em todas as suas viagens para a região, o imperador visitava a capela; assim, a parada para venerar a Virgem Maria tornou-se um novo compromisso público de Dom Pedro.

A pequena capela atraía peregrinos de todas as partes do Brasil. Como o número de fiéis não parasse de aumentar, em 1834 foi iniciada a construção de uma igreja maior (a atual Basílica Velha), sendo solenemente inaugurada em 8 de dezembro de 1888. Em outubro de 1894, chegou a Aparecida um grupo de religiosos da Congregação dos Missionários Redentoristas para trabalhar no atendimento aos romeiros da Senhora Aparecida. Com o passar dos anos e o aumento do número de devotos, houve a necessidade de um santuário maior para Nossa Senhora. Assim, em 1955, teve início a construção da Basílica Nova. O arquiteto Benedito Calixto idealizou um edifício em forma de cruz grega. Em 4 de julho de 1980, o então Papa João Paulo II, em sua visita ao Brasil, consagrou a Basílica de Nossa Senhora Aparecida. As atividades religiosas no Santuário, em definitivo, passaram a ser realizadas a partir do dia 3 de outubro de 1982, quando aconteceu a transladação da imagem milagrosa da Basílica Velha para a Basílica Nova.

A Princesa Isabel fez uma promessa a Nossa Senhora Aparecida – Nem sempre Nossa Senhora da Conceição Aparecida teve a coroa e o manto, e não tinha a base de prata abaixo dos pés. Foi no dia 7 de dezembro de 1868, que a Princesa Isabel, herdeira do trono do Brasil, casada e estéril, foi à basílica e fez uma promessa à Mãe Aparecida para pedir a graça de ser mãe. E eis que ela foi atendida. Num período de poucos anos, Isabel teve três filhos: Dom Pedro, Dom Antônio e Dom Luís. Para cumprir a promessa, a princesa mandou bordar um manto com peças das próprias joias dela, desfazendo colares e brincos para isso. Encomendou o manto mais lindo, digno de uma rainha. O formato da coroa foi pensado por ela mesma, que pediu ao seu ourives para fazer uma réplica em miniatura da coroa que ela usaria quando se tornasse a imperatriz do Brasil, para ofertar a Nossa Senhora Aparecida. Em 1888, Princesa Isabel aboliu a escravidão em nosso país. Por isso, ela recebeu a Rosa de Ouro do Papa, dada apenas a monarcas que governavam o povo com justiça. Posteriormente, ela foi à Basílica de Aparecida, poucos dias depois da abolição, e entregou pessoalmente a coroa e o manto azul-anil à Nossa Senhora. Esse gesto teve um significado muito importante, pois os maçons, que eram donos das grandes fazendas no Brasil, não aprovaram a libertação dos escravos, uma vez que perderam a mão de obra gratuita. Alguns políticos maçons chegaram a afirmar que a princesa se arrependeria do que fez dando liberdade aos negros, porque não haveria de se sentar no trono do Brasil.

O Barão de Cotegipe, no dia mesmo da abolição, chegou a dizer isso. Princesa Isabel lhe disse, observando as pessoas da janela do Paço Imperial no Rio de Janeiro: "Vede, barão, a alegria tomou conta de meu povo!" Ao que seu interlocutor respondeu: "Sim, sua majestade redimiu uma nação, mas acaba de perder o trono". A princesa respondeu: "Pela libertação dos negros, se mil tronos eu tivesse, mil tronos eu daria". Era como se ela dissesse: "Se eu não governar o Brasil, eu já sei quem há de governar". Na basílica, quando a Princesa Isabel deixou a coroa, uma lenda piedosa, contada em algumas canções, poemas e escritos de cunho devocional, afirma que a monarca deixou também um bilhete, que estaria supostamente muito bem-guardado no arquivo da basílica, com as seguintes palavras: "Eu, diante de vós sou uma princesa da terra. Curvo-me, pois és a Rainha dos Céus, e te dou tão pobre presente, que é uma coroa que seria igual à minha; e se eu não me sentar no trono do Brasil, rogo que a Senhora se sente nele por mim e governe perpetuamente o Brasil". O bilhete não está nos arquivos do santuário, talvez não passe de uma interpretação (muito verossímil, diga-se de passagem) dos sentimentos da tão devota princesa. Seja real ou não, o fato é que o sentimento de amor e submissão filial dos monarcas brasileiros à Senhora Aparecida é um fato consumado.

Anos mais tarde, o Papa Pio X ordenou a coroação da imagem de Nossa Senhora Aparecida, e Pio XI a proclamou imperatriz do Brasil e defensora perpétua do povo brasileiro (Trecho extraído de palestra do Prof. Raphael Tonon).

No dia 29 de abril de 1908, a Igreja da Senhora Aparecida recebeu o título de Basílica Menor. Em 17 de dezembro de 1928, a vila que havia se formado ao redor da igreja, no alto do Morro dos Coqueiros, emancipou-se politicamente de Guaratinguetá e se tornou o município de Aparecida, já que a cidade se formou pela devoção a Nossa Senhora.

Nossa Senhora da Conceição Aparecida foi proclamada Padroeira Principal do Brasil em 16 de julho de 1930, por decreto do Papa Pio XI. Pela Lei 6.802, de 30 de junho de 1980, o dia 12 de outubro foi decretado oficialmente como feriado nacional, dedicando-se este dia à devoção. Também segundo esta lei, a República Federativa do Brasil reconhece oficialmente Nossa Senhora Aparecida como padroeira do Brasil. O Santuário de Aparecida foi agraciado com três Rosas de Ouro pelos papas Paulo VI, Bento XVI e Francisco, este último ofereceu o presente em 2017 por ocasião das comemorações dos 300 anos da aparição.

Vamos conhecer um pouco mais da imagem. A efígie retirada das águas do Rio Paraíba do Sul em 1717 é de terracota, ou seja, argila, que após modelada é cozida num forno especial. Diversos especialistas atentaram que tem estilo seiscentista e acredita-se que originalmente era colorida, como o costume da época. A argila utilizada para a confecção da imagem é oriunda da região de Santana do Parnaíba, na Grande São Paulo, como atestado por pesquisadores da USP (Universidade de São Paulo). Quando recolhida pelos pescadores, estava sem a coloração, devido ao longo período em que ficou submersa nas águas do rio. A cor de canela que apresenta hoje deve-se à exposição constante à fuligem produzida pelas chamas das velas acesas pelos devotos. Estudos comparativos dão conta de que a imagem teria sido feita pelo Fr. Agostinho de Jesus, um monge de São Paulo conhecido por sua habilidade artística na confecção de imagens sacras. Tais características incluem a forma sorridente dos lábios, queixo encravado e flores em relevo. A imagem possui três flores na cabeça, que representam a Santíssima Trindade. O olhar de Nossa Senhora, apesar de não ter as pupilas desenhadas, é profundo e amplo. A fita na cintura representa que Maria está grávida. O sorriso que ela traz nos lábios é discreto, mas, se olharmos bem de perto, é possível até ver seus dentes. A figura do anjo representa um anúncio que Deus deseja fazer ao povo.

A efígie pode ter sido jogada no rio porque, quando uma imagem sacra se quebrava, deveria ser jogada em águas correntes ou enterradas. Em 2012, a venerável imagem foi tombada pelo Conselho de Defesa do Patrimônio Histórico, Arqueológico, Artístico e Turístico do Estado de São Paulo (Condephaat).

Milagres

Milagre das velas – Na aldeia dos pescadores havia o costume de reunir as famílias para rezarem aos pés de Nossa Senhora Aparecida. No altar onde ficava a imagem, duas velas iluminavam o local. De repente, durante a oração, as velas se apagaram e Silvana da Rocha se levantou para acendê-las novamente, mas antes de se aproximar as velas se acenderam sozinhas. O ano do milagre teria sido 1733.

Milagre da libertação do escravo Zacarias – Naquele tempo de escravidão, Zacarias, que era escravo, voltava acorrentado com o seu feitor para a fazenda de onde fugira. Ao passar pelo Santuário, pediu para rezar aos pés da Mãe Aparecida. Zacarias, com muita fé, fez suas orações, e o milagre aconteceu: as correntes se soltaram e Zacarias ficou livre. Diante do milagre, o caçador que o havia encontrado acabou por libertá-lo.

Milagre do cavaleiro ateu – Há muito tempo, havia em Cuiabá (MT) um cavaleiro que não tinha fé. Zombava dos devotos de Nossa Senhora Aparecida e não acreditava no poder de sua intercessão. Um dia, o cavaleiro subiu em seu cavalo e quis entrar na igreja, mas as patas do animal ficaram presas no primeiro degrau da escada. Vendo que não havia explicação humana para o fato, converteu-se subitamente, arrependeu-se e pediu perdão à Mãe Aparecida.

Milagre da cura da menina cega – No ano de 1874, Gertrudes Vaz, seu marido e sua filha cega de nascença levaram três meses de viagem de Jaboticabal a Aparecida. As duas cidades distam cerca de 500Km, e naquela época não havia meio de transporte rápido nem estradas. A menina sempre ouvia seus pais, muito piedosos, falarem da história da pesca milagrosa com a aparição da imagem de Nossa Senhora e queria muito visitar a igreja dedicada a ela. Ao avistarem o santuário, ainda na estrada, a menina fixou o horizonte e exclamou: "Olhe, mamãe, a capela da Santa!" Dona Gertrudes percebeu que tanto sacrifício tinha valido a pena, pois a menina havia sido curada instantaneamente da cegueira por um milagre conseguido pela intercessão da Senhora Aparecida.

A imagem foi alvo de atentado – Durante a missa das 20h do dia 16 de maio de 1978 ocorreu interrupção de energia elétrica por aproximadamente 2min na Basílica Velha de Aparecida. Matheus Cavalcanti, de 19 anos, aproveitou o blecaute, subiu no nicho da imagem de Nossa Senhora, quebrou o vidro protetor a golpes e pegou a imagem. Os protestos e a gritaria foram generalizados. Ao descer, a coroa ficou presa no vidro quebrado, depois caindo e sendo pisoteada. A cabeça da imagem desprendeu-se e caiu ao chão. Quando a luz retornou, e em meio ao tumulto, Matheus saiu com o corpo da imagem, sendo alcançado na rua pelo guarda João Batista, que o puxou pelo braço. A imagem caiu ao chão e o vândalo fugiu pelas ruas escuras. O jovem foi preso a pouco mais de 1km da Basílica, perto do rio, sangrando com cortes na mão e no braço direito. Foi levado ao hospital, depois à delegacia e, dois dias mais tarde a um sanatório, sem que se tenha registrado queixa contra ele. Após as investigações, descobriu-se que Cavalcanti era um jovem iconoclasta (rejeição a imagens) da cidade de São José dos Campos, que havia sido exortado a destruir todas as santas imagens que pudesse.

A artista plástica Maria Helena Chartuni, à época chefe do Departamento de Restauração do Masp (Museu de Arte de São Paulo), fez a restauração da querida imagem de Nossa Senhora Aparecida, que retornou à Basílica sobre um carro do Corpo de Bombeiros. Relata a artista, que esteve no carro dos bombeiros: "foi um corredor humano formado da Avenida Paulista até Aparecida, de um lado e do outro. Os caminhoneiros que vinham do Rio de Janeiro, quando viam a imagem, ajoelhavam-se em cima das cargas e rezavam". Lindo testemunho deu a artista Maria Helena ao afirmar, inclusive em livro, que sua fé também foi restaurada com a "missão" de restaurar a imagem milagrosa da Mãe Aparecida!

Testemunho

Quando falo de Nossa Senhora Aparecida meu coração arde de saudade de minha mãezinha Odirce Annunciata. Ela escreveu em sua autobiografia o relato que compartilho a seguir: "Nossa Senhora Aparecida em minha vida – Sou devota de Nossa Senhora Aparecida desde que me conheço por gente. Minha nona Maria foi quem me ensinou. Ela era italiana, mas amava a Mãe Aparecida. Eu sempre digo: reze toda vez que tiver vontade, pois, no momento que precisar, é só chamar e nossa Mãezinha do céu estará presente. Conto para vocês duas passagens de minha vida em que Nossa Senhora Aparecida me socorreu. Estava com minhas filhas na Marginal Tietê, que na época era mão dupla, quando, de repente, me vejo olho no olho com o motorista de um caminhão. Ele estava vindo de frente para o nosso carro, um fusca. Na hora, gritei: 'Nossa Senhora Aparecida!' Ela tirou o motorista do nosso caminho.

O caminhão virou e estava indo direto para o Rio Tietê. Gritei novamente: 'Acode ele também, minha Nossa Senhora Aparecida!' Na hora, ele fez um cavalo de pau e parou na pista sem bater em nada. Lembro-me que o motorista era moreno e ficou amarelo de susto. Para mim, foi um grande milagre!

Outra história de minha experiência com Nossa Senhora Aparecida foi na época em que eu estava grávida de oito meses da minha segunda filha. Nós morávamos no terceiro andar de um prédio de esquina. Da varanda da sala conseguíamos ver a varanda do quarto. Quando eu olho, minha filha mais velha estava montada a cavalo no beiral da varanda, como se tivesse sido colocada para tirar uma foto. Desta vez, não gritei. Baixinho, disse: 'Minha Nossa Senhora Aparecida, segure minha filhinha pelo amor de Deus!' Devagar, chegando lá, dei um abraço nela, me sentei no chão e, sem conter as lágrimas, agradeci a Deus e a minha amada Virgem Maria. Jamais me esqueço destas e de tantas outras graças.

Tenho ainda uma lembrança muito linda. Um dia em que me senti muito feliz foi 21 de maio de 1972, pois minha filha Even completou 11 anos e recebeu o Sacramento da Primeira Eucaristia na Basílica Velha da Mãe Aparecida. Fui eu que fiz, com todo meu amor e carinho, o vestido para a Primeira Comunhão.

A Mãe Maria sempre está presente em nossa vida. Obrigada, minha Virgem Imaculada da Conceição Aparecida!" (Even Sacchi Ambrosio).

Oração

Consagração a Nossa Senhora Aparecida – Ó Maria Santíssima, pelos méritos de Nosso Senhor Jesus Cristo, em vossa querida imagem de Aparecida, espalhais inúmeros benefícios sobre todo o Brasil. Eu, embora indigno de pertencer ao número de vossos filhos e filhas, mas cheio do desejo de participar dos benefícios de vossa misericórdia, prostrado a vossos pés, consagro-vos o meu entendimento, para que sempre pense no amor que mereceis; consagro-vos a minha língua para que sempre vos louve e propague a vossa devoção; consagro-vos o meu coração, para que, depois de Deus, vos ame sobre todas as coisas. Recebei-me, ó Rainha incomparável, vós que o Cristo crucificado nos deu por Mãe, no ditoso número de vossos filhos e filhas; acolhei-me debaixo de vossa proteção; socorrei-me em todas as minhas necessidades, espirituais e temporais, sobretudo na hora de minha morte. Abençoai-me, ó celestial cooperadora, e com vossa poderosa intercessão, fortalecei-me em minha fraqueza, a fim de que, servindo-vos fielmente nesta vida, possa louvar-vos, amar-vos e dar-vos graças no céu, por toda eternidade. Assim seja![11]

Nossa Senhora das Graças e sua Medalha Milagrosa

Nossa Senhora das Graças também é chamada de Nossa Senhora da Medalha Milagrosa, pois foi este o sinal visível que ela nos deixou na aparição à noviça Catarina Labouré, hoje santa de nossa Igreja: uma medalha que a própria Mãe de Deus mandou cunhar para servir de proteção e canal de graças a todos que a levarem ao pescoço com devoção autêntica. Muitos santos e teólogos falaram sobre a onipotência suplicante de nossa Mãezinha do céu, dado o poder das suas súplicas em nosso favor. São Bernardo arremata a ideia e tira qualquer dúvida que poderíamos ter

---

11 Disponível em www.a12.com/reze-no-santuario/consagracao

a respeito da intercessão poderosa de Maria, dizendo que Deus quis que tudo recebêssemos pelas mãos de Nossa Senhora. Assim, o mesmo santo conclui: Maria assemelha-se a um aqueduto que recolhe água da fonte e a distribui aos povoados, pois ela recebe a plenitude da graça da própria fonte, que é o coração de Deus, e a torna acessível a nós. Nenhuma imagem reflete mais esta ideia do que a de Nossa Senhora das Graças com os raios de seus anéis trazendo abundantes benefícios para seus filhos que caminham no mundo. Estamos diante de mais uma bela e reluzente manifestação da Virgem Santíssima para a humanidade, ocorrida na hoje famosa Rue du Bac, em Paris.

História
Foi em 18 de julho de 1830 que Nossa Senhora apareceu pela primeira vez a Catarina, recém-chegada à Ordem das Filhas da Caridade. Mas vamos primeiro saber um pouco mais sobre a vidente. Catarina Labouré nasceu no dia 2 de maio de 1806 na cidade de Fain-lès-Moutiers, em uma família de classe média. Seus pais possuíam a fazenda onde moravam e algumas outras propriedades, mas viviam uma vida simples, sem ostentação. Catarina tinha nove irmãos, e todos aprenderam de seus pais a importância da oração, de ir à missa e de praticar obras de caridade. Eles compreendiam bem o valor do trabalho, pois ajudavam quer no serviço do campo, quer nas tarefas de casa. A mãe de Catarina, Madalena, morreu quando ela tinha apenas 9 anos de idade. Inconsolável, conta-se que ela se agarrou a uma imagem da Virgem Maria que havia na sala da casa e disse: "De agora em diante, serás minha mãe!"

Desde cedo, Catarina sentia o desejo de servir ao Senhor. Aos 12 anos, teve um sonho com São Vicente de Paulo, fundador da Ordem das Filhas da Caridade (juntamente com Santa Luísa de Marillac). Ele a chamava para o serviço.

Catarina só soube quem era aquele sorridente sacerdote do sonho quando viu um quadro com sua imagem na primeira vez que entrou no convento da Ordem. Durante sua adolescência e juventude, fazia jejuns e penitência, e muitas vezes era repreendida pelos irmãos, que achavam tudo um exagero.

Até os 18 anos, Catarina ainda não havia sido alfabetizada. Então, seu pai a enviou para Châtillon, cidade próxima a Paris, para estudar no internato mantido por sua tia. Sua irmã mais velha, Luíza, tornou-se freira e, vendo que a vocação da irmã era autêntica, a incentivou. Não obstante o apoio de Luíza, somente aos 23 anos de idade o pai consentiu que ela seguisse sua vocação, e, em abril de 1830, Catarina ingressou no Convento das Filhas da Caridade em Paris. Lá ela fazia todo tipo de serviço de limpeza, ajudava a preparar a comida dos pobres e cuidava dos doentes.

Antes de seu encontro com a Virgem Maria, Catarina teve uma experiência mística: viu o coração de São Vicente em cores diferentes: branco, simbolizando paz; vermelho-suave, simbolizando o amor ardente por Deus; e vermelho-escuro, que despertou nela um profundo sentimento de pesar. Isso aconteceu por três dias seguidos, iniciando logo que ela entrou para o convento da Ordem das Filhas da Caridade, mais precisamente no dia em que o corpo do fundador estava sendo transladado pelas ruas de Paris até a capela de São Lázaro.

Na casa religiosa, Catarina compreendeu plenamente a centralidade da Eucaristia na vida de todo cristão, e cada vez que participava da Santa Missa e comungava, seu coração transbordava de amor com a sublimidade daquele momento. Menos de dois meses depois de se tornar noviça, eis que mais uma grande graça aconteceu na vida de Catarina: ela começou a ver Nosso Senhor Jesus Cristo de pé no altar, bem à sua frente, durante a consagração das hóstias. No dia 6 de junho, as visões se repetiram no sacrário, quando ela viu Jesus com as vestimentas de um rei. Aos poucos, os paramentos reais caíram ao chão e Catarina logo compreendeu que o rei da França, Carlos X, seria deposto. De fato, meses depois, o rei assinou sua abdicação forçada pelos revolucionários.

Humilde, a noviça acreditava não ser digna de tais visões, e continuava seu trabalho cotidiano no convento, embora, em seu íntimo, nutrisse o doce desejo de ver a Virgem Maria e conversar com ela.

Pouco mais de um mês depois das visões de Jesus, às 23:30h de 18 de julho de 1830, Catarina Labouré dormia em sua cela (como são chamados os quartos dos religiosos nos conventos), quando escutou alguém lhe chamando: "Irmã, irmã!" Catarina acordou e viu diante de si um menino vestido de branco, aparentando ter uns cinco anos. Ele lhe disse: "Venha à capela, levante-se rápido, que a Santíssima Virgem a espera". Ela imediatamente colocou o hábito, mas mostrou-se receosa de que alguém a visse pelos corredores. O menino a tranquilizou dizendo que todas as irmãs estavam dormindo profundamente, e que ela não deveria temer nada. Catarina seguiu a criança, que espalhava luz por todo o ambiente. Ao chegarem à capela, a pesada porta se abriu com apenas um toque dos dedos do menino. Admirada, Catarina vislumbrou na capela todas as velas acesas como numa noite de Natal. O menino, então, disse a Catarina que esperasse Nossa Senhora à direita do altar. Depois de um tempo de espera, que para a ansiosa vidente pareciam horas sem fim, eis que o menino anunciou: "Eis a Virgem Santíssima!" Maravilhada, Catarina começou a escutar um farfalhar; era o som do frufru que vinha do vestido de seda de Nossa Senhora enquanto caminhava nos degraus do presbitério em direção à cadeira usada pelo padre. Nossa Senhora se sentou e Catarina ainda se perguntava se aquela bela senhora era mesmo a Virgem Maria. Foi quando o menino falou energicamente e forte, com uma voz que não era mais de criança, e sim de um homem: "Eis a Virgem Santíssima!" Sem mais dúvida alguma em sua mente, a noviça se atirou aos pés de Nossa Senhora, ajoelhando-se e pousando suas mãos sobre os joelhos da Mãe de Deus. Mais tarde, Catarina descreveria este momento assim: "Foi o momento mais feliz de minha vida. Não sei explicar a celeste emoção que se apoderou de mim!"

Nessa aparição, Maria falou sobre os acontecimentos nefastos que recairiam sobre a França e o mundo: "Minha filha, Deus quer te encarregar de uma missão. Terás muito que sofrer, porém hás de suportar, pensando que o farás para a glória de Deus... Sereis contestada, mas não te faltará a graça. Verás certas coisas, dize-as. Serás inspirada em tuas orações. Os tempos são maus. Desgraças vão cair sobre a França; o mundo inteiro será perturbado por desgraças de toda a sorte... Virá um momento em que o perigo será grande: tudo parecerá perdido... a cruz será desprezada, o sangue correrá nas ruas, o mundo inteiro será mergulhado na tristeza..., mas vem ao pé deste altar. Aqui as graças serão abundantes para os que as pedirem com confiança e fervor".

Maria pede a Catarina que conte tudo ao seu confessor, Pe. Aladel. Quando a Virgem Santíssima partiu, parecia que as luzes se apagavam e uma sombra encobria a capela. O menino que conduziu Catarina até lá, e que mais tarde ela viria a se dar conta de que era seu anjo da guarda, levou-a de volta ao quarto. Nisso, já eram 2h da madrugada! A conversa com Maria durou, portanto, duas horas e meia.

Catarina contou com detalhes todo o colóquio da aparição ao seu confessor; mas, cauteloso, ele disse que poderiam ser apenas devaneios. Em agosto, o Rei Carlos X foi tirado de seu trono e algo dizia ao Pe. Aladel que Catarina poderia estar falando a verdade.

A segunda aparição, igualmente maravilhosa, foi quando começou a história da medalha milagrosa. No sábado antes do primeiro dia do Advento de 1830, em 27 de novembro, às 17:30h, Catarina estava sozinha na capela, compenetrada em suas orações, quando novamente escutou o gracioso farfalhar do vestido de seda de Nossa Senhora. Levantando os olhos, viu Maria perto do quadro de São José. Assim, Catarina descreveu sua visão: "Ela estava de pé, vestida de branco... com um véu branco que lhe descia até a borda inferior do vestido. Por baixo do véu, percebi seus cabelos repartidos ao meio; os pés estavam pousados sobre uma esfera ou antes, sobre a metade dela, pelo menos assim o vi, e pisavam a cabeça de uma serpente. Além disso, ela segurava nas mãos um globo dourado... e tinha os olhos voltados para o céu. Seu rosto era de tão grande beleza, que não ouso descrever".

A Virgem Maria trazia vários anéis de pedras preciosas em seus dedos, dos quais eram emanados raios de luz, uns mais belos do que os outros, segundo a vidente. Tais raios se alargavam à medida que chegavam mais perto de Catarina. Enquanto esta cena esplendorosa se desenrolava, Nossa Senhora baixou os olhos e os dirigiu a Catarina, revelando a ela que o globo representa o mundo inteiro, especialmente a França e cada pessoa em particular. E continuou a explicar: "Estes raios são o símbolo das graças que eu derramo sobre as pessoas que mais pedem; os anéis dos quais não partem raios simbolizam as graças que se esquecem de me pedir".

De repente, formou-se em torno da Santíssima Virgem uma moldura oval na qual estava escrita com letras de ouro esta frase: "Ó Maria, concebida sem pecado, rogai por nós que recorremos a vós!"

Naquele momento Nossa Senhora ordenou a Catarina: "Faze cunhar uma medalha conforme este modelo. Todas as pessoas que a trouxerem ao pescoço receberão grandes graças. As graças serão abundantes para os que a trouxerem com confiança"[12].

---

12 Diálogos. Disponível em www.chapellenotredamedelamedaillemiraculeuse.com/

Poucos instantes depois o quadro girou e, no verso, Catarina viu a letra M, encimada por uma pequena cruz, a qual tinha uma barra entrelaçando-se com o M de Maria. Abaixo, apareciam os corações de Jesus (coroado de espinhos) e de Maria (transpassado por um punhal). Todo o verso da medalha estava rodeado por doze estrelas.

A aparição terminou como um apagar de luzes. Catarina disse mais tarde que ficou repleta de bons sentimentos, alegria e consolação. Outras irmãs estavam na capela naquele momento, mas nada notaram.

Numa terceira aparição, em dezembro, Maria confirmou a missão dada à noviça. Entretanto, o diretor espiritual de Catarina tardou a compreender que aquele era um pedido da Virgem Santíssima. O tempo transcorreu e, em fevereiro de 1831, Catarina terminou seu noviciado, sendo enviada para cuidar dos idosos no Asilo de Enghein (12º distrito de Paris). Mas de forma alguma ela deixou sua missão de lado. Insistiu e implorou, por meio de cartas, para que o Pe. Aladel mandasse cunhar a medalha: "Nossa Senhora está descontente... é preciso cunhar a medalha!" Apesar do esforço, o sacerdote se mostrou irredutível, pois dizia que se as aparições eram reais, o tempo diria.

A medalha finalmente foi cunhada. Em 1832 uma epidemia de cólera assolou Paris, deixando 20 mil mortos. Somente dois anos depois da última aparição – portanto, no final de 1830 – o Pe. Aladel decidiu narrar tudo o que foi dito por Catarina ao arcebispo de Paris, sem revelar o nome da vidente e pedindo permissão para cunhar a medalha. O arcebispo foi favorável e o Pe. Aladel providenciou a encomenda. No modelo da medalha a imagem de Nossa Senhora aparece com os braços estendidos, e não segurando o globo. Em junho de 1832, as Filhas da Caridade começaram a distribuir as primeiras duas mil medalhas a pedido do Pe. Aladel, sem saber quem foi a feliz vidente de Nossa Senhora. As curas começaram a ser relatadas, as conversões se multiplicavam e logo a medalha começou a ser chamada de Medalha Milagrosa. No final de 1834, já havia mais de 500 mil exemplares. Em 1835, mais de 1 milhão em todo o mundo. Em 1839, foram feitas mais de 10 milhões de cópias.

O fato de a medalha ter sido feita com uma imagem diferente da pedida por Nossa Senhora incomodava Catarina, apesar de suas orações constantes à Virgem Maria manifestando-lhe sua aflição e pedindo luzes para elucidar o assunto.

Milagres

Eis que em 1842, a conversão do judeu Afonso Ratisbonne, em Roma, encheu o coração da freira de alegria. Por uma espécie de aposta com um amigo que queria vê-lo convertido, ele trazia a Medalha Milagrosa ao pescoço e recitou a oração ensinada por Maria, recebendo a graça de ver Nossa Senhora também diante de seus olhos. Esta história você conhecerá mais adiante neste livro. O acontecimento fez Catarina julgar que a estampa da medalha deveria ficar exatamente do jeito que foi executada, já que a Virgem Maria apareceu a Ratisbonne de braços abertos; por isso, a vemos tal qual foi cunhada pela primeira vez até hoje!

Em 8 de dezembro de 1854, o coração da vidente de Nossa Senhora das Graças ficou em júbilo novamente, pois o Papa Pio IX proclamou o Dogma da Imaculada Conceição, do qual falaremos a seguir.

Veja quantos assuntos estão relacionados a essa aparição!

A manifestação de Nossa Senhora em Lourdes também nos remeterá à aparição de Nossa Senhora das Graças em Paris. Os laços que unem estes dois fatos extraordinários são deslumbrantes. Quando soube da visita da Virgem Maria a Bernadette Soubirous, no ano de 1858 na Gruta de Massabielle, uma alegria que ultrapassa todo pensamento arrebatou Catarina, pois Maria disse em Lourdes: "Eu sou a

Imaculada Conceição". Catarina, então, exclamou, embora apenas em seu coração: "É a mesma!"

Mas não foi somente durante a vida que as histórias das videntes de Paris e Lourdes se entrelaçaram. As duas santas têm seus corpos incorruptos e os peregrinos podem ver, através de relicários de vidro, a beleza perpetuada de Catarina e Bernadette, que fitaram Nossa Senhora com seus próprios olhos ainda na vida terrena. Aliás, sobre o brilho nos olhos das duas santas há um outro fato excepcionalmente belo que nos relata um sacerdote lazarista da época. "O Pe. Hamard, Padre da Missão, escreveu alguns meses antes da morte de Bernadette Soubirous: "Ela é pequenina, pálida, fraca. Somente seus olhos brilham com esplendor! Jamais vi um olhar igual, senão no Asilo de Enghein, em 1876"[13].

Em 1871, mais uma parte da profecia de Nossa Senhora das Graças ficou evidenciada. Os revolucionários da Comuna de Paris aterrorizaram a cidade. Igrejas foram profanadas e conventos invadidos. O arcebispo de Paris, Dom Darboy, foi preso e fuzilado.

Catarina Labouré passou toda a vida em silêncio sobre as aparições; por isso, é conhecida como a santa do silêncio. Somente em 1876, quando sentia que sua morte estava próxima, e como seu confessor já havia morrido, Catarina contou à madre superiora que era ela a vidente de Nossa Senhora e mensageira da Medalha Milagrosa. Portanto, durante 46 anos, a freira viveu humildemente, na dedicação aos pobres e idosos. Catarina morreu em 31 de dezembro de 1876 e foi enterrada debaixo do altar da Capela de Reuilly. Em 1933, 57 anos após sua morte, a exumação dos restos mortais da religiosa mostrou que seu corpo e suas vestes estavam incorruptos. Depois da beatificação, o corpo de Ir. Catarina foi colocado sob o altar da Virgem, na capela

---

13 Cunha e Casa Mãe das Filhas da Caridade de São Vicente de Paulo, 1997.

da Rue du Bac, onde está até hoje, e sua canonização aconteceu em 1947, na gestão do Papa Pio XII.

A mensagem da Santíssima Virgem Maria confiada a Santa Catarina Labouré é mais uma delicadeza de Nosso Senhor para com seus amados filhinhos. Ele nos ama tanto que não se cansa de nos resgatar, pela mediação de sua Mãe Santíssima, que nos pede como nas Bodas de Caná: "Fazei tudo o que Ele vos disser". Devemos usar a Medalha Milagrosa não como um amuleto, mas como sinal de fé e confiança em Jesus e Maria, que, com seu cuidado maternal, não se cansa de derramar suas graças àqueles que pedem com fervor, pois ela tem a confiança inabalável de que seu divino Filho tudo fará pelo bem do povo de Deus.

Jesus nos disse para irmos a Ele todos nós que estamos cansados, que Ele nos aliviaria. Nesta aparição, Maria nos diz para acorrermos ao pé do altar de seu santuário e entregarmos nossas fadigas e preocupações a ela; assim, ela vai levar nossos pedidos a Jesus e interceder para que Ele amaine nossas mazelas. Que nossas ações não sejam obstáculos para recebermos as graças que Nossa Senhora quer nos dar!

Vamos falar agora do Dogma da Imaculada Conceição – Em 8 de dezembro, a Igreja vive festivamente a Solenidade da Imaculada Conceição de Maria, que é um dia de preceito, ou seja, dia de obrigatoriedade de participar da Eucaristia como se fosse um domingo. Foi nesta data no ano de 1854 que o Papa Pio IX proclamou o Dogma da Imaculada Conceição de Nossa Senhora, com a Bula Deus Inefável (*Ineffabilis Deus*). O dogma diz que, desde o primeiro instante de sua existência, a Virgem Maria foi preservada por Deus da falta de graça santificante que aflige a humanidade, porque ela estava cheia de graça divina.

Na verdade, o dia da Festa da Imaculada Conceição foi definido em 1476 pelo Papa Sisto IV; ou seja, já havia um forte indício da crença da Igreja na Conceição Imaculada de Maria, antes mesmo da definição dessa verdade de fé. Um dogma é algo que todo o fiel católico tem o dever de acreditar para estar em unidade com a Igreja, pois é matéria apresentada como certa e indiscutível. Fr. Clarêncio Neotti, jornalista e escritor contemporâneo, joga uma luz sobre o assunto, afirmando que os mistérios da fé não contradizem a razão humana, mas transcendem nosso entendimento, pois Deus tudo pode.

Quer às crianças quer aos adultos, a fé católica ensina que, por singular privilégio, e em vista dos merecimentos de Jesus Cristo, Maria foi santificada pela divina graça desde que fora concebida no ditoso ventre de Santa Ana, e, assim, preservada da culpa original, concebida sem mácula, sem a mancha.

A epístola apostólica (bula) do Papa Pio IX só veio reafirmar o que a Igreja primitiva já professava como uma verdade de fé: ser a Mãe de Jesus virgem e sem pecado.

Assim está escrito na Bula *Ineffabilis Deus*: "Em honra da Trindade [...] declaramos a doutrina que afirma que a Virgem Maria, desde a sua concepção, pela graça de Deus todo-poderoso, pelos merecimentos de Jesus Cristo, Salvador do homem, foi preservada imune da mancha do pecado original. Essa verdade foi-nos revelada por Deus e, portanto, deve ser solidamente crida pelos fiéis".

O Sumo Pontífice recorreu principalmente à afirmação de Gn 3,15, onde Deus disse à serpente: "Eu porei inimizade entre ti e a mulher, entre tua descendência e a dela", dizendo: "assim, segundo esta profecia, seria necessária uma mulher sem pecado, para dar à luz o Cristo, que reconciliaria o homem com Deus".

Em outro ponto da epístola, o pontífice Pio IX declara: "Deus a cumulou, de maneira tão admirável, da abundância dos bens celestes do tesouro de sua divindade, mais do que a todos os espíritos angelicais e todos os santos, de tal forma que ficaria absolutamente isenta de toda e qualquer mancha de pecado; podendo, assim, toda bela e perfeita, ostentar uma inocência e santidade tão abundantes, quais outras não se conhecem abaixo de Deus, e que pessoa alguma, além de Deus, jamais alcançaria, nem em espírito.

Era absolutamente justo que, como tinha um Pai no céu, que os serafins exaltam como três vezes santo, o Unigênito tivesse também uma Mãe na terra, em quem jamais faltasse o esplendor da santidade. Com efeito, essa doutrina se apossou de tal forma dos corações e da inteligência dos nossos antepassados, que deles se fez ouvir uma singular e maravilhosa linguagem. Muitas vezes se dirigiram à Mãe de Deus como a toda santa, a inocentíssima, a mais pura, santa e alheia a toda mancha de pecado [...] mais formosa do que a beleza, mais amável do que o encanto, mais santa do que a santidade [...] a sede única das graças do Santíssimo Espírito, sendo, à exceção de Deus, a mais excelente de todos os seres humanos, por natureza, e até mesmo mais do que os próprios querubins e serafins. E para a reverenciarem, os céus e a terra não acham palavras que lhes bastem" (*Ineffabilis Deus*, 31).

Na comemoração do centenário da proclamação do Dogma da Imaculada Conceição, em sua Carta Encíclica *Fulgens Corona* (Refulgente Coroa), o Papa Pio XII dá mais peso ainda ao consenso sobre a concepção imaculada da Bem-aventurada Virgem Maria: "Na verdade, naquela carta apostólica citada, com que o nosso predecessor decretou que este ponto da doutrina cristã devia ser firme e fielmente admitido por todos os féis, não fez outra coisa mais do que recolher diligentemente e consagrar, com a sua autoridade, a voz dos Santos Padres e de toda a Igreja, a qual, desde a Antiguidade, tinha como que sobrevoado o curso dos séculos sucessivos".

Oração

Repitamos sempre, ao final das dezenas do terço ou durante o dia, com filial confiança: Ó Maria, concebida sem pecado; rogai por nós que recorremos a vós!

Nossa Senhora de Sion

Lembra-se da história de Afonso Ratisbonne que citamos na Aparição de Nossa Senhora das Graças? Pois agora vamos conhecê-la em detalhes.

A Virgem Maria apareceu a Afonso em 20 de janeiro de 1842, quando ele estava com 28 anos. Filho caçula de uma família israelita numerosa e garoto mimado, depois que os pais faleceram ele se tornou um jovem ateu e boêmio. Após a aparição, sua vida mudou radicalmente: ele se tornou padre e fundou com o irmão a Ordem de Nossa Senhora de Sion, que tinha como principal missão converter os israelitas da Terra Santa.

História

Esta é uma linda história de conversão que continua a ganhar corações para Jesus até hoje!

Afonso nasceu em Estrasburgo, leste da França, em uma família judia abastada, mas sem esmero na formação religiosa dos filhos. Aos quatro anos, Afonso perdeu a mãe e, aos 16, o pai. Seu tio Luís tornou-se seu tutor e se preocupava muito com as frequentes viagens do jovem a Paris e seu modo boêmio de viver. O irmão de Afonso, Teodoro, 12 anos mais velho, conheceu a fé cristã e foi batizado aos 25 anos, tornando-se sacerdote cinco anos depois do Batismo. Teodoro rezava muito pela conversão do irmão, pois Afonso deleitava-se ao dizer aos quatro cantos que não tinha religião alguma. "Por causa da conversão de Teodoro, eu nutria um exagerado ódio contra os padres, as igrejas, os conventos, e sobretudo contra os jesuítas, cujo nome bastava para provocar o meu furor", disse mais tarde Ratisbonne.

Em 1841, Afonso concluiu o Curso de Direito e estava para completar 27 anos. O pai queria que ele se casasse com uma de suas sobrinhas, Flora, judia bastante fervorosa; mas como ela tinha apenas 16 anos, era preciso esperar. Sendo assim, Afonso decidiu viajar. Programou ir a Nápoles e voltar pelo Oriente. Outra, porém, era a vontade de Deus. Sua passagem foi marcada para Roma por engano. Um pouco contrariado com o equívoco, chegando a Roma, resolveu visitar um amigo protestante, o qual há muito não via. Na casa de Gustavo de Bussières, encontrou também o irmão de Gustavo, barão de Bussières, recém-convertido ao catolicismo. Conversaram muito e, diante dos ataques e insultos incessantes de Afonso à religião católica, o barão teve uma ideia celeste, dizendo: "Já que sois um espírito tão forte e seguro de vós mesmo, não recusareis trazer ao pescoço o que estou para dar-vos. Trata-se simplesmente desta medalha". Era a medalha milagrosa de Nossa Senhora das Graças. Ratisbonne protestou, mas aceitou educadamente o presente e concordou ainda em copiar a famosa oração "Lembrai-vos, ó Piíssima Virgem" para recitá-la diariamente. Sem demora, o irmão de Gustavo pendurou a medalha ao pescoço do anticatólico.

No dia 20 de janeiro de 1842, Festa de São Sebastião, Afonso ainda estava em Roma e se encontrou casualmente com o barão, que estava se dirigindo à Igreja de Santo André dos Frades para a missa das exéquias do Conde de Laferronays, católico fervoroso que também era amigo do irmão de Afonso. O barão estava encarregado de reservar uma tribuna para a família do defunto naquela igreja e disse para Afonso esperar na porta, pois não se demoraria. Bussières demorou mais do que esperava e Afonso decidiu entrar na igreja, curioso para ver se havia obras de arte que valessem a pena apreciar.

Milagres

Subitamente, o milagre aconteceu! Uma visão deslumbrante chamou de forma arrebatadora a sua atenção. Veja a descrição da cena nas palavras do próprio Ratisbonne: "De repente, eu me vi dominado por uma inquietação inexprimível. Ergui os olhos e todo o edifício desparecera à minha vista; só uma capela tinha, por assim dizer, concentrado toda a luz. No meio dessa irradiação apareceu, em pé sobre o altar, grande, brilhante e cheia de majestade e doçura, a Virgem Maria, tal qual está em minha medalha. Uma força irresistível atraiu-me para ela. A Virgem me fez sinal com a mão para que eu me ajoelhasse. Ela nada me disse, mas eu compreendi tudo!"

Logo depois desse fato extraordinário, Bussières, aflito por ter feito Afonso esperar tanto, foi procurá-lo: "Quando voltei, não vi Afonso. Percebi, depois, que ele estava ajoelhado diante da capela onde havia um quadro do arcanjo São Rafael conduzindo Tobias. Eu me aproximei dele, toquei-o três ou quatro vezes, antes que percebesse minha presença. Depois, voltou-se para mim, com os olhos cheios de lágrimas, abraçando a medalha e dizendo: 'Eu a vi! Eu a vi!'"

Depois de descrever o momento único que viveu, Afonso pediu para ver um sacerdote. Mais tarde, os dois foram à Basílica de Santa Maria Maggiore e à de São Pedro, para agradecer o milagre. Ele dizia ao amigo Bussières, apertando-lhe as mãos: "Agora eu entendo o amor dos católicos por suas igrejas, e a devoção que os leva a embelezá-las e adorná-las! Como é bom estar aqui! Eu não queria mais deixar este lugar! Aqui não estamos mais na terra; é o vestíbulo do céu!"

Em alguns dias foi batizado e, depois de três anos, tornou-se sacerdote com o nome de Afonso Maria.

Devido à conversão de Afonso, seu irmão, Pe. Teodoro, teve a ideia de fundar uma congregação religiosa destinada a trabalhar pela conversão do povo de Israel. Os dois irmãos fundaram, em 1847, a Congregação Nossa Senhora de Sion (Sião). O Pe. Teodoro teve a inspiração do nome logo depois de celebrar a missa, abrindo o livrinho de ação de graças e vendo a palavra Sion. O nome essencialmente bíblico harmonizava totalmente com o propósito da congregação. Nossa Senhora de Sion é representada de pé com a vestimenta das mulheres de Israel, tendo sobre a cabeça uma coroa de quatro pontas e segurando em suas mãos o Menino Jesus.

Em junho de 1842 foi publicado o decreto que reconheceu a autenticidade do acontecimento sobrenatural que culminou na conversão de Afonso Ratisbonne: "O Eminentíssimo Vigário Geral da Diocese de Roma disse, pronunciou e definitivamente declarou que dá testemunho pleno ao verdadeiro e insigne milagre operado por Deus infinitamente bom e onipotente, mediante a intercessão da Bem-aventurada Virgem Maria, na conversão instantânea e perfeita de Afonso Ratisbonne".

Em 1858, Afonso mudou-se para Israel, onde passou o restante de sua vida. Em Jerusalém, comprou um terreno em que outrora estivera o Pretório de Pilatos, para abrir um convento. Afonso e Teodoro faleceram no ano de 1884. A obra missionária espalhou-se por todo o mundo, chegando ao Brasil em 1889.

Oração

Lembrai-vos, ó piíssima Virgem Maria, que nunca se ouviu dizer que algum daqueles que tivesse recorrido à vossa proteção, implorado a vossa assistência, reclamado o vosso socorro, fosse por vós desamparado. Animado eu, pois, de igual confiança, a vós, ó Virgem entre todas, singular, como Mãe recorro; de vós me valho, gemendo sob o peso dos meus pecados, e me prostro a vossos pés. Não desprezeis minhas súplicas, ó Mãe do Filho (Verbo) de Deus humanado, mas dignai-vos as ouvir propícia, e de me alcançar o que vos rogo. Amém! (São Bernardo de Claraval).

Nossa Senhora da Salette

Nos belos Alpes da França existe uma montanha chamada La Salette. E foi neste recanto que Nossa Senhora apareceu para mostrar sua preocupação com seus filhos e, mais particularmente, com a vida dos consagrados a Deus.

História
Em 19 de setembro de 1846, um sábado, Maximino Giraud, de 11 anos, e a adolescente Melânia Calvat, de 15 anos, cuidavam do rebanho no alto da montanha e acabaram cochilando. Quando Melânia acordou, viu que as vacas tinham sumido e correu para procurá-las. Logo as encontrou e viu como que uma bola de fogo girando no ar. Ela chamou Maximino e lhe disse: "Olha aquele clarão! É como se o sol tivesse caído lá!"

Os dois foram em direção à bola de fogo. Ao se aproximarem, viram uma bela senhora vestida como as camponesas da região, sentada na pedra a chorar com a cabeça entre as mãos e os cotovelos sobre os joelhos. Ela lhes disse: "Vinde meus filhos, não tenhais medo! Estou aqui para contar uma grande novidade. Se meu povo não quiser aceitar, vejo-me forçada a deixar cair o braço de meu Filho. É tão forte e tão pesado que não posso mais segurar. Há tanto tempo que sofro por vós".

Em seguida, Maria perguntou se eles faziam bem suas orações. Eles responderam com toda a sinceridade que não as faziam bem. Nossa Senhora não os repreendeu, mas disse docemente: "Meus filhos, é preciso fazê-las bem, à noite e de manhã. Quando não puderem rezar, recitem ao menos um Pai-nosso e uma Ave-Maria; mas quando tiverem tempo, é preciso rezar mais".

As crianças estavam maravilhadas com aquela visão. E Nossa Senhora continuou: "Se a colheita se estraga, não é senão por vossa causa. Bem vo-lo mostrei no ano passado com a colheita das batatas, e não fizestes caso. Ao contrário, quando encontráveis estragadas, era então que em tom de revolta pronunciáveis o nome de meu Filho. Sobrevirá uma grande fome. Os outros farão penitências pela fome. As nozes se estragarão; as uvas hão de apodrecer. Porém, se vocês se converterem, até as pedras e as rochas se transformarão em montões de trigo e as batatas aparecerão semeadas por sobre a terra".

Vamos conhecer a simbologia dessa aparição que, em muitos momentos, mostra-nos o horror dos nossos pecados.

Nessa aparição, Nossa Senhora se mostrou com os braços cruzados, o que pode ser interpretado como um alerta de que ela não poderá nos ajudar se não procurarmos abandonar a vida de pecado e não buscarmos Deus na oração. Envoltos no pecado, sem nos acusarmos e nos confessarmos, ficamos vulneráveis ao mau e nos tornamos obstáculos para as graças que nossa Mãe do céu quer nos dar por sua intercessão junto a Jesus.

As correntes sobre os ombros de Nossa Senhora da Salette complementam a mensagem de seus braços cruzados, e representam os nossos pecados que a impedem de nos socorrer. Por isso ela chora e nos pede conversão e oração.

A roupa de camponesa significa que a Virgem Maria conhece a vida de seus filhos e se identifica com eles. O avental remete ao serviço.

A cruz tem um martelo do seu lado esquerdo e um alicate do seu lado direito. O martelo simboliza os pecados que são como cravos pregados em Jesus crucificado. O alicate simboliza a oração e a conversão, pois cada vez que um coração se volta para Deus, um cravo é tirado de Jesus crucificado. Chorando, Nossa Senhora pede que seus filhos escolham o alicate e aliviem o sofrimento de seu divino Filho.

O diadema na cabeça, além de simbolizar a realeza de Maria, também mostra sua sabedoria, que nos exorta a viver retamente no caminho de Jesus para termos de fato uma vida plena.

As lágrimas de Nossa Senhora da Salette representam a dor da mãe, que, de braços atados, não pode fazer nada pelos filhos que não a escutam e preferem o pecado. Nossa Mãe do céu, a melhor de todas as mães, nunca quer ver a perdição dos filhos e faz de tudo para levá-los a Jesus.

Milagres

Nossa Senhora pediu para que fosse construído um santuário naquele local e que fosse fundada uma congregação para cuidar da Igreja e da mensagem que ela deixou em La Salette. Foi Maria mesmo quem ditou as regras de vida da nova congregação, que deveria se chamar *Ordem da Mãe de Deus*. Seu pedido foi atendido pelo Papa Pio IX, em 19 de setembro de 1851. A congregação, que perdura em nossos dias, tem como missão anunciar a necessidade da conversão do clero e de todos os fiéis.

A aparição de Nossa Senhora aconteceu no período em que a França estava imersa em uma depressão econômica e debaixo de um governo autoritário. Além da mensagem confiada aos dois videntes, pedindo oração e penitência pela humanidade, a Mãe de Deus confiou a Melânia um segredo, que deveria ser revelado ao mundo somente em 1858. Mas os videntes concordaram em revelá-lo antes desta data, em 1852, por obediência ao bispo e com a finalidade de ser levado ao conhecimento exclusivo do Papa Pio IX.

Em 1858, ano da aparição de Nossa Senhora em Lourdes, o segredo tornou-se público. Nele, Nossa Senhora falava da infidelidade de muitas almas consagradas a Deus: "Os sacerdotes, ministros de meu Filho, pela sua má vida, sua irreverência e impiedade na celebração dos Santos Mistérios, pelo amor ao dinheiro, às honrarias e aos prazeres, tornaram-se cloacas de impureza. Sim, os sacerdotes atraem a vingança, e esta paira sobre suas cabeças. Ai dos sacerdotes e das pessoas consagradas a Deus que, pela sua infidelidade e má vida, crucificam de novo meu Filho! Não há mais almas generosas, não há mais ninguém digno de oferecer a vítima imaculada ao [Pai] Eterno em favor do mundo. Que o vigário de meu Filho, o soberano pontífice Pio IX, não saia mais de Roma depois do ano de 1859, mas seja firme e generoso, combata com as armas da fé e do amor. Eu estarei com ele".

Depois, a Virgem Maria profetizou sobre a família e a sociedade: "Os chefes, os condutores do povo de Deus negligenciaram a oração e a penitência. E o demônio obscureceu suas inteligências. Transformaram-se nessas estrelas errantes, que o velho diabo arrastará com sua cauda para fazê-las perecer. [...] Os maus livros abundarão sobre a Terra, e os espíritos das trevas espalharão por toda parte um relaxamento universal em tudo o que se refere ao serviço de Deus. [...] Deus vai golpear de modo inaudito.

Os governantes civis terão todos um mesmo objetivo, que consistirá em abolir e fazer desaparecer todo princípio religioso para dar lugar ao materialismo, ao ateísmo, ao espiritismo e a toda espécie de vícios. [...]

Os maus estenderão toda sua malícia. [...] Os justos sofrerão muito. Suas orações, sua penitência e suas lágrimas subirão até o céu, e todo o povo de Deus pedirá perdão e misericórdia, minha ajuda e intercessão".

São João Paulo II disse quando era papa que o coração da mensagem de La Salette foi o apelo que a Virgem Maria fez aos apóstolos dos últimos tempos. Eis o trecho: "Eu dirijo um premente apelo à Terra. Apelo aos verdadeiros discípulos do Deus vivo que reina nos céus. Apelo aos verdadeiros imitadores de Jesus Cristo feito homem, o único e verdadeiro Salvador dos homens. Apelo aos meus filhos, meus verdadeiros devotos, aqueles que se deram a mim para que eu os conduza a meu divino Filho, aqueles que levo por assim dizer nos meus braços, que vivem de meu espírito. Enfim, apelo aos apóstolos dos últimos tempos, aos fiéis discípulos de Jesus Cristo que viveram no desprezo do mundo e de si próprios, na pobreza e na humildade, no desprezo e no silêncio, na oração e na mortificação, na castidade e na união com Deus, no sofrimento e desconhecidos do mundo. É chegado o tempo para que eles saiam e venham iluminar a Terra. Ide e mostrai-vos como meus filhos amados. Estou convosco e em vós, contanto que vossa fé seja a luz que vos ilumina nestes dias de desgraças. Que vosso zelo vos faça como que famintos da glória e honra de Jesus Cristo. Combatei, filhos da luz, pequeno número que isto vedes, pois aí está o tempo dos tempos, o fim dos fins".

Nossa Senhora deixou muito claro nessa aparição que todas as orações, os jejuns e as penitências são fundamentais para intercedermos pelos sacerdotes, religiosos e religiosas, e também pela nossa sociedade desvalida, que muitas vezes deixa de lado a missa dominical para trabalhar, o que não é condenável no caso dos serviços essenciais, ou simplesmente vive sem lembrar que *domingo* quer dizer *Dia do Senhor*. A missa dura apenas 1 hora, numa semana que tem nada menos do que 168 horas!

Oração
Lembrai-vos, ó Nossa Senhora da Salette, das lágrimas que derramastes por nós no calvário. Lembrai-vos também dos cuidados que, sem cessar, tendes por vosso povo, a fim de que, em nome de Cristo, deixe-se reconciliar com Deus. E vede se, depois de tanto terdes feito por vossos filhos, podeis agora abandoná-los. Reconfortados por vossa ternura, ó Mãe, eis-nos aqui, suplicantes, apesar de nossa infidelidade e ingratidão. Não rejeiteis nossa oração, ó Virgem Reconciliadora, mas volvei nosso coração para vosso Filho. Alcançai-nos a graça de amar Jesus acima de tudo e de vos consolar por uma vida de doação, para a glória de Deus e o amor de nossos irmãos. Amém!

Nossa Senhora de Lourdes

Nesta aparição em Lourdes, também na França, em 1858, Nossa Senhora nos apresenta um manancial real de águas com propriedades curativas, que permanece realizando milagres até hoje em um dos centros marianos de peregrinação mais conhecidos e visitados do mundo. Nunca duvidemos de que Maria sempre nos leva à fonte do amor misericordioso de Jesus, e o manancial de águas cristalinas de seu santuário em Lourdes representa uma fonte de vida nova a todos os devotos que lá acorrem em busca de curas físicas ou espirituais.

História

Nossa Senhora de Lourdes apareceu 18 vezes à pobre camponesa Bernadette Soubirous, de 14 anos, entre fevereiro e julho de 1858. A primeira aparição aconteceu numa quinta-feira, 11 de fevereiro, quando a menina ia buscar lenha com sua irmã Antonieta e a amiga Joana para aquecer a família. Depois de sucessivos negócios malsucedidos do pai de Bernadette, François, os Soubirous passaram a viver em situação de miséria, e o inverno rigoroso agravava os problemas respiratórios de Bernadette; no entanto, a menina jamais reclamava das circunstâncias em que vivia. O cenário dessa aparição foi a então Vila de Lourdes, região francesa dos Altos Pirineus, próximo ao Rio Gave. As meninas caminhavam ao longo do canal que vai desaguar no rio, junto à Gruta de Massabielle. Como viram um punhado de lenha por lá, Antonieta e Joana entraram logo na gruta para apanhá-la, mas Bernadette sentou-se numa pedra para tirar as meias, pois não queria molhá-las. Naquele momento ela escutou um barulho semelhante a uma rajada de vento, mas não sabia identificar de onde vinha. Quando olhou para a parte superior da gruta, na reentrância de um rochedo, eis que recebeu a graça inefável de ver Nossa Senhora, mesmo sem sabê-lo ainda. "Eu vi uma senhora vestida de branco; ela usava um vestido branco e véus igualmente brancos, um cinto azul e uma rosa amarela em cada pé."

Nesse dia, Bernadette fez o sinal da cruz, imitando Nossa Senhora, e as duas rezaram o terço juntas. A oração terminou e Maria desapareceu de repente. Bernadette perguntou a suas companheiras se viram algo, e elas disseram que não. Então, foram para casa. No entanto, durante o caminho, Antonieta ficou curiosa e quis saber o que Bernadette havia visto. Hesitante, a vidente contou sua esplendorosa visão e pediu segredo. Sua irmã não se conteve e comentou com a mãe, o que resultou na proibição de irem ao local novamente; além disso, Bernadette foi advertida para não comentar o caso com ninguém. Dona Luíza, mãe da vidente, temia que mais tragédias, além da penúria financeira, pudessem recair sobre a família.

No domingo, 14 de fevereiro, Bernadette sentiu um forte desejo de voltar à gruta. Depois de muita insistência, conseguiu a autorização da mãe. Lá, ela começou a recitar o terço e, depois da primeira dezena, viu Nossa Senhora sorrindo no mesmo lugar. Conta-se que a menina aspergiu água-benta em direção à Virgem Santíssima e rogou a ela para que, se não fosse enviada por Deus, se retirasse e não voltasse mais. Maria sorriu novamente e, quando o rosário acabou, desapareceu.

A notícia das aparições misteriosas começou a se espalhar pelo vilarejo. Na quinta-feira, 18 de fevereiro, a Senhora falou com Bernadette pela primeira vez. Duas mulheres da vila estavam ao lado da menina e deram a ela um papel e uma caneta para que ela pedisse à Senhora para escrever seu nome. Com toda a humildade que sempre lhe foi peculiar, Bernadette estendeu o braço com o papel e a caneta, fazendo-lhe o pedido. Mas Maria respondeu no dialeto local, já que a vidente não sabia falar o francês oficial: "Não é necessário", e acrescentou: "Não prometo te fazer feliz neste mundo, mas no outro. Farias a gentileza de vir aqui por quinze dias?"

Mesmo sem ter certeza, as duas mulheres que ladeavam Bernadette espalharam a versão de que a menina estava vendo Nossa Senhora.

Na sexta-feira, 19 de fevereiro, Bernadette iniciou uma tradição que dura até hoje no Santuário de Lourdes: ir à gruta com uma vela abençoada acesa. Esta é a origem da devoção de muitos peregrinos que levam velas para acendê-las em frente à gruta. Naquela ocasião, muitas pessoas já permaneciam no local para ver Bernadette rezar com a expressão de êxtase diante do que só ela podia vislumbrar. Foi nesse dia que o chefe de polícia interrogou Bernadette. Ele quis saber se ela estava vendo a Virgem Maria naquele momento. A vidente disse que não. Intrigado, o oficial então lhe perguntou se não estava vendo nada. A resposta foi: "Sim, vejo uma jovem e linda donzela". E descreveu sua visão ao oficial.

O chefe de polícia fez, então, um jogo de palavras para perguntar várias vezes a mesma coisa, mas a versão de Bernadette continuou a mesma. Ela se mostrava confiante e calma, pois só dizia o que sabia sobre aquela deslumbrante aparição, sem nenhuma elucubração.

O policial sugeriu ao pai de Bernadette que a proíbisse de ir à gruta. Àquela altura, mais de 100 pessoas apareciam no local cada vez que a vidente ia lá. Depois do ocorrido, Bernadette precisou insistir muito com o pai para voltar à gruta, já que havia prometido à bela senhora. Os encontros com Maria se sucedem e, no dia 24 de fevereiro, aproximadamente 300 pessoas testemunham Bernadette andando de joelhos e beijando a terra. Quando terminou a aparição, todos pediram para que ela explicasse seus atos. "A senhora disse-me: 'Penitência, penitência, penitência' e, depois: 'Reze a Deus pela conversão dos pecadores... Vá beijar a terra como ato de reparação pelos pecadores'."

Milagres
Na 9ª aparição, em 25 de fevereiro, Nossa Senhora fez brotar água da rocha pelas mãos de Bernadette. Depois de realizar os habituais gestos de penitência, a multidão presente viu a menina levantando-se repentinamente e indo em direção ao Rio Gave, mas em seguida ela parou, voltou à gruta e se pôs a cavar no local onde Nossa Senhora ordenou. Uma água cheia de lama começou a brotar, e a Virgem Maria lhe pediu para bebê-la: "Vá beber à nascente e lave-se lá".

Bernadette tentou uma, duas, três vezes, sem conseguir beber a água suja. Depois da hesitação, ela finalmente conseguiu engolir a água e também passá-la no rosto. A vidente relatou o fato assim: "Ela me mandou beber água de onde começou a brotar [...]. Só estava brotando um pouco de água lamacenta. Na quarta tentativa, consegui beber. A Senhora também me pediu para comer as ervas amargas que rodeavam a fonte de água, e então desapareceu". Muitos dos 300 espectadores não compreendiam o que se passava e chegaram a perguntar se Bernadette achava que a Senhora era louca por fazer pedidos assim. Muito tranquila e paciente, Bernadette respondeu: "É pelos pecadores".

Depois disso, aconteceram aparições em que, ora imperava o silêncio, ora o êxtase durante as orações e os habituais gestos de penitência de Bernadete.

No domingo, dia 28 de fevereiro, mais de 1.000 pessoas estiveram presentes durante o êxtase da vidente. Ela foi, então, levada para a casa do juiz Ribes, que ameaçou colocá-la na prisão. Só que os fatos que se seguiram impediram essa perversidade.

Eis que na segunda-feira, dia 29 de fevereiro, aconteceu o primeiro milagre por meio da água da fonte de Lourdes. A multidão já contava com 1.500 pessoas; entre elas, pela primeira vez, um sacerdote. À noite, Catherine Latapie, uma mulher de Loubajac, a 7km de distância de Lourdes, foi à gruta, mergulhou o braço paralisado na água da nascente e, milagrosamente, seu braço e sua mão recuperaram o movimento. O acontecimento tomou a multidão de assombro!

Na terça-feira, 2 de março, Nossa Senhora dá a Bernadette uma nova missão: "Vá e diga aos padres que seja feita uma procissão até aqui e que se construa neste local uma capela". Bernadette foi então falar com o Pe. Peyramale, pároco de Lourdes. Mas ele queria saber apenas uma coisa: o nome da Senhora. Talvez inspirado na aparição de Nossa Senhora de Guadalupe, ele exigiu uma prova: queria ver florir a roseira selvagem na gruta, em pleno inverno.

No dia seguinte, Bernadette foi à gruta logo cedo, mas a Virgem Maria não apareceu. Depois de sair da escola ela sentiu um forte chamamento interior para voltar ao local das aparições. Lá encontrou a Senhora e lhe perguntou o seu nome. Nossa Senhora nada disse; apenas sorriu.

O tempo passou e o pároco tornou a pressionar a menina: "Se a Senhora deseja mesmo que se construa uma capela, deve dizer-nos o seu nome e fazer florescer a roseira na gruta".

Na quinta-feira, 4 de março, a multidão de cerca de 8 mil pessoas esperava um milagre, mas a visão fora silenciosa. Mesmo assim, nesse meio tempo, os fiéis continuaram a ir à gruta para rezar e pedir milagres.

Durante vinte dias Bernadete não foi à Gruta, pois não sentia o convite irresistível em seu coração.

E, finalmente, Nossa Senhora disse quem era! Foi na quinta-feira, 25 de março que a Virgem Maria revelou sua identidade. Lembre-se, querido leitor, que este é o dia no qual a Igreja celebra a Anunciação do arcanjo São Gabriel a Maria! Bernadette se sentiu chamada a ir à gruta às 5h da manhã. Assim que chegou, perguntou insistentemente qual era o nome da bela Senhora. Dessa vez, Nossa Senhora lhe respondeu. Bernadette relatou: "Ela estendeu os braços, juntou as mãos como se rezasse e disse: 'Que soy era Immaculada Concepciou'[14] (Eu sou a Imaculada Conceição, no dialeto local)". Radiante, Bernadette saiu correndo e repetindo copiosamente as palavras que a Virgem Maria havia dito, as quais ela não entendia.

Quando a humilde Bernadette disse ao pároco que Nossa Senhora se autointitulou "A Imaculada Conceição", o fato causou espanto e comoção ao sacerdote, que se deu conta de que a vidente não poderia estar inventando, já que nem compreendia o significado daquelas palavras e mui-

---

14 Disponível em www.lourdes-france.org/en/

to menos conhecia o dogma da "Imaculada Conceição". O dogma havia sido proclamado há apenas quatro anos pelo Papa Pio IX e, àquela altura, era desconhecido pela esmagadora maioria dos leigos. O Pe. Peyramale, então, acreditou que era mesmo a Mãe de Deus que aparecia na gruta e correu para contar ao bispo. Dom Laurence, bispo de Tarbes, só autenticou esta revelação após um exame minucioso dos fatos, como veremos.

Na aparição do dia 7 de abril, um médico ateu bastante conhecido na cidade, Dr. Douzous, converteu-se diante de um fato que não conseguia explicar. Bernadette tinha uma grande vela acesa nas mãos e, durante o êxtase, a cera derretida caía sobre suas mãos, mas ela nada sentia; além disso, não havia sinal algum de queimadura. O médico contou no relógio: foram 15 minutos desesperadores para ele, por ver aquela cena com os próprios olhos! Ser testemunha ocular desse fato extraordinário acabou por abrir, no mesmo instante, os olhos da fé do incrédulo Dr. Douzous. Sendo assim, ele se tornou um dos primeiros a se converterem naquele solo sagrado.

As curas físicas também continuaram a acontecer mediante o simples contato dos peregrinos fervorosos com a água milagrosa de Lourdes.

Enquanto isso, Bernadette se preparava para a Primeira Eucaristia, recebendo o sacramento em 3 de junho.

Diante do grande número de peregrinos que continuam a acorrer à gruta e as aglomerações, as autoridades proibiram o acesso ao local e impuseram sansões àqueles que ousavam ultrapassar os limites da barreira. Mesmo assim, na sexta-feira, 16 de julho, aconteceu a aparição final. Bernadette conseguiu visualizar a gruta pelo outro lado do Rio Gave. Depois declarou: "Senti que estava em frente à gruta, na mesma distância de antes; vi apenas a Santíssima Virgem, e jamais a havia visto tão bela!"

Em 28 de julho de 1858, o bispo de Tarbes criou uma comissão para estudar o caso e atestar a veracidade das aparições. Bernadette foi interrogada inúmeras vezes por policiais e por autoridades eclesiásticas durante quatro anos. Ela nunca modificou suas afirmações e sempre demonstrou segurança ao falar dos encontros com Maria. Em outubro daquele ano, o Imperador Napoleão III mandou abrir a gruta novamente. Quatro anos depois das aparições, em 18 de janeiro de 1862, o bispo de Tarbes, Dom Laurence, reconheceu oficialmente as aparições de Lourdes pela Igreja, com base no testemunho decisivo de Bernadette Soubirous e num meticuloso trabalho de investigação e discernimento na oração. Esta foi a declaração solene: "Julgamos que Maria Imaculada, Mãe de Deus, apareceu realmente a Bernadette Soubirous em 11 de fevereiro de 1858 e nos dias seguintes, dezoito vezes na Gruta de Massabielle, perto da cidade de Lourdes; que esta aparição assume todas as características da verdade, e é legítimo que os fiéis acreditem nela [...]. Humildemente, submetemos nosso julgamento ao julgamento do Sumo Pontífice, o responsável pelo governo da Igreja Católica [...]. Nossa convicção se formou no testemunho de Bernadette, mas, principalmente, nos fatos ocorridos e que só podem ser explicados por uma intervenção divina".

O culto a Nossa Senhora de Lourdes foi autorizado desde então. O Santuário de Lourdes é composto de vários prédios. O primeiro a ser construído foi o da Cripta, em maio de 1866. As aparições de Nossa Senhora em Lourdes são consideradas como uma confirmação, vinda diretamente do céu, do dogma da Imaculada Conceição.

Bernadette Soubirous tornou-se freira. Com a saúde sempre frágil, morreu aos 35 anos no Convento de Nevers, em 16 de abril de 1879. A Igreja a proclamou santa em

8 de dezembro (Festa da Imaculada Conceição) de 1933. Dizem que sua canonização ocorreu não por ter sido escolhida para as aparições, mas pela forma como respondeu a essa graça. O corpo incorrupto de Santa Bernadette está exposto em um relicário de vidro na capela do Mosteiro de Saint-Gilard, em Nevers.

Testemunho

"O Santuário de Nossa Senhora de Lourdes foi o primeiro centro de peregrinação mariano internacional que eu e meu esposo visitamos. Lá encontramos um pedaço do céu na terra. Vimos centenas de pessoas maravilhadas contemplando a Gruta de Massabielle e buscando escutar a Deus; pudemos ver a caridade brotando no olhar de inúmeros jovens que passam suas férias cuidando de idosos e doentes que nem conhecem; inúmeros voluntários que doam seu tempo com amor incondicional ao próximo, permitindo assim que um incontável número de peregrinos possa mergulhar nas piscinas de águas milagrosas do santuário. Enquanto esperava na fila sua vez de se banhar, uma multidão de devotos rezava o rosário. Cena sublime foi ver Cristo Eucarístico sendo adorado o dia inteiro; muitas missas em horários diversos; e a sensação de levitar ao caminhar por aquelas ruas no entorno dos edifícios sagrados de Lourdes. Claramente, a atmosfera de um local orante a pulsar e, para finalizar o dia, chegamos ao cume da experiência de oração comunitária, participando do rosário luminoso. Todos caminhando no mesmo compasso com suas velas na mão e Nossa Senhora Coroada à frente, guiando a procissão ao som de uma torrente de vozes cantando jubilosas para agradecer e clamar a nossa Mãe do céu por sua intercessão" (Tatiana Vianna Vendramim).

Oração

Nossa Senhora de Lourdes, suplico-vos a cura do corpo e da alma. Ó Mãe puríssima, intercedei por este(a) vosso(a) pobre filho(a), para que Deus afaste de mim tudo que me afasta de vosso divino Filho Jesus, e trazei-me sempre sob seu regaço. Eternamente obrigado(a). Amém!

Nossa Senhora da Esperança

O santuário mais antigo dedicado à Nossa Senhora da Esperança é o da cidade de Menièzes, na França, construído no ano de 930.

Na época dos descobrimentos de novos continentes, o culto a Nossa Senhora da Esperança se intensificou por conta da fé dos navegantes que, sob a proteção da Virgem Maria, aventuravam-se por mares desconhecidos.

A padroeira de Belmonte, em Portugal, cidade onde Pedro Álvares Cabral nasceu, é Nossa Senhora da Esperança. Conta-se que, quando Cabral chegou ao Brasil, trazia em sua esquadra uma imagem da Virgem Maria sob este título. Esta mesma escultura da Mãe de Deus foi trazida para o Brasil novamente em 1955, por ocasião do Congresso Eucarístico Internacional do Rio de Janeiro. A imagem, pesando 90kg, que atualmente está na capela onde Cabral foi batizado em Belmonte, é esculpida em pedra, tem o Menino Jesus ao colo, olhando para uma pomba (representação do Espírito Santo) pousada no braço direito de Maria. Jesus traz nas mãos um cacho de uva, indicando que é Ele a videira que nos dá vida eterna se permanecermos em seu amor.

História

Acredita-se que foi o rei Dom Manuel quem entregou a Pedro Álvares Cabral o estandarte régio e a imagem de Nossa Senhora da Esperança na hora em que as caravelas iam zarpar, logo após a missa dominical do dia 8 de março de 1500. Em 22 de abril, após atravessar o Oceano Atlântico, Cabral ancorou com sua frota em Porto Seguro. No dia seguinte, igualmente um domingo, todos participaram da Santa Missa celebrada por Fr. Henrique de Coimbra, e, no altar improvisado, erguido à sombra da cruz, encontrava-se a imagem de Nossa Senhora da Esperança. O Brasil foi, portanto, descoberto sob o olhar terno e protetor da Mãe da Esperança. Na verdade, a sabedoria popular nos dá conta de que Cabral jamais saía para navegar sem este sinal visível da Virgem Maria em suas embarcações.

A devoção à Nossa Senhora da Esperança foi reavivada em Saint Brieuc, na Região da Bretanha (França), e se espalhou de maneira excepcional após a aparição da Virgem Maria em Pontmain, durante os terríveis dias da Guerra Franco-prussiana. Este foi um período dos mais nefastos da história dos franceses, pois o inverno, a fome e a guerra os castigavam com furor.

Quando a pequena cidade francesa de Pontmain estava prestes a ser invadida, uma belíssima Senhora apareceu no céu, no dia 17 de janeiro de 1871. Aquele estava se desenhando como um dia particularmente tenebroso. Paris havia sido sitiada e as tropas batiam em retirada. O bispo da Diocese de Saint Brieuc, desesperado, fez um voto solene a Nossa Senhora da Esperança para que salvasse sua pátria, e ordenou que o texto de entrega daquela grave situação à Maria fosse lido na capital, às 18h. Mais ou menos a essa hora, na Vila Pontmain, a 300km de Paris e próximo às linhas inimigas, o Sr. Barbedette terminava o trabalho cotidiano em seu celeiro, auxiliado pelos filhos Eugênio, de 12 anos, e José, de 10. Escurecia, e o mais velho, cansado, saiu um pouco para ver como estava o tempo lá fora. Qual não foi sua surpresa quando, sobre uma das casas vizinhas, Eugênio avistou uma jovem senhora, resplendente de luz e de incomparável beleza, vestindo um traje azul, salpicado de estrelas brilhantes e calçando sandálias azuis com fivelas douradas. Sobre a cabeça, essa senhora portava um véu preto e uma coroa, que era mais alta na frente. Completamente extasiado com aquela deslumbrante visão, o menino perguntou à sua vizinha, que havia acabado de sair de casa: "A senhora não enxerga nada lá em cima da casa do vendedor de fumo?"

Por mais que olhasse, ela nada conseguiu ver. O mesmo aconteceu com o pai de Eugênio. No entanto, seu irmão mais novo, José, logo teve a graça de ver a maravilhosa aparição. Além de descrevê-la do mesmo modo que Eugênio, exclamava entusiasmado: "Como é linda! Como é linda!"

A mãe das crianças também não enxergou nada; até colocou os óculos para tentar ver, sem sucesso! Por isso, achou que era uma alucinação dos meninos e os levou para jantar. Algum tempo depois, eles tiveram licença para sair e viram que a bela Senhora continuava de pé no mesmo lugar.

O vigário da paróquia e a Ir. Vitaline, professora de José e Eugênio, foram chamados ao local, mas nada viram. Entretanto, outras duas meninas da escola que acompanhavam a irmã, Francisca Richer, de 11 anos, e Maria Joana Lebosse, de 9, contemplaram a celestial aparição e demonstraram grande alegria ao ver a Senhora sorrir.

Àquela altura, inúmeras pessoas convidadas pelo próprio sacerdote, Pe. Guérin. Ajoelharam-se e começaram a rezar, mesmo sem nada ver, já que aquela era uma vila de fiéis muito devotos da Virgem da Esperança. Todos rezavam e entoavam hinos de louvor, incentivados pelo padre, ele mesmo um grande devoto de Maria Santíssima e pároco da matriz havia 35 anos. Foi ele quem entoou o *Magnificat* para arrastar os camponeses a intensificar os louvores dirigidos ao céu.

Com as orações e cantos, aos poucos a visão foi se transformando diante dos olhos atentos das crianças. Apareceu em volta da Senhora uma fita azul com quatro velas: duas na altura dos ombros e duas na dos joelhos. Na fita estava escrito: "Rezai, meus filhos! Deus vos atenderá dentro em breve. Meu Filho se deixa enternecer".

Viram em seguida, nas mãos de Maria, um crucifixo vermelho e uma estrela que, dando volta em torno da Senhora, acendeu as quatro velas. Depois, a estrela ficou pairando sobre a cabeça de Nossa Senhora. Em certo momento notaram uma grande luz, que brilhava mais do que o sol e, quando se pensava que a Mãe de Deus partiria, outra fita muito longa desenrolou-se sob os pés da Virgem, enquanto uma pena invisível escrevia: "Meu Filho se comoveu com vossas súplicas".

Finalmente, às 20:45h, um véu subiu pouco a pouco e escondeu a maravilhosa visão. Esse fato extraordinário reanimou de forma esplendorosa a fé do povo da região, que se pôs a rezar mais e mais, atendendo ao pedido de Nossa Senhora.

E o milagre aconteceu! O que se soube algum tempo depois.

Milagres

No mesmo instante em que a aparição teve início, ao entardecer daquele dia, as tropas prussianas estavam na região de Laval, perto da pequena aldeia de Pontmain. Os soldados entraram em formação para avançar e dominá-la; porém, às 17:30h, o General Von Schmidt recebeu ordens de seu comandante para recuar e desistir da invasão.

Onze dias depois foi assinado o armistício, pondo fim à sangrenta guerra. O retorno dos 38 soldados de Pontmain, sãos e salvos, reforçou a crença no grande poder de intercessão da Virgem Maria junto a seu divino Filho Jesus Cristo.

O bispo de Laval formou uma comissão para examinar minuciosamente os fatos e publicou, em 2 de fevereiro de 1872, uma carta atestando a veracidade da aparição e autorizando o culto à Virgem Maria sob o título de Nossa Senhora da Esperança de Pontmain: "Julgamos que Maria Imaculada, Mãe de Deus, realmente apareceu em 17 de janeiro de 1871, na Aldeia de Pontmain. Com toda a humildade e obediência, submetemos este julgamento ao julgamento supremo da Santa Sé Apostólica, centro de unidade e órgão infalível da verdade em toda a Igreja".

Em 1922, a aparição de Pontmain foi aprovada como autêntica pelo Papa Pio XI; e, no ano de 1932, o Papa Pio XII autorizou a coroação da Mãe da Esperança de Pontmain.

Eugênio e José Barbedette tornaram-se sacerdotes. Maria Joana tornou-se freira, e Francisca, catequista. Foram inúmeras as graças alcançadas no lugar da aparição e, pouco depois, foi erguida ali uma bela basílica, entregue aos cuidados dos Padres Oblatos de Maria Imaculada, ordem para a qual entrou, posteriormente, o vidente José.

Oração

Doce e terna Nossa Senhora da Esperança, suplico-vos que mantenha sempre acesa nossa chama de esperança na vida eterna; ajuda-nos a enxergar sempre vossas mãos benditas a nos abençoar e apontar sempre o reto caminho de vosso amado Filho Jesus, que, com o Pai e o Espírito Santo, vive e reina para sempre. Amém!

Nossa Senhora de Gietrzwald

Nossa Senhora apareceu pela primeira vez em Gietrzwald, na Polônia, no dia 27 de junho de 1877 a Justina Szafrynska, que tinha 13 anos de idade. No dia seguinte, Bárbara Samulowska, amiga de Justina de 12 anos, também viu a "Senhora brilhante" sentada num trono que se encontrava sobre uma grande árvore, com o Menino Jesus ao colo e entre os anjos. Essa árvore ficava na frente da igreja matriz. Gietrzwald é uma pequena vila da Polônia, localizada a 200km da capital do país, Varsóvia.

Quando Nossa Senhora de Gietrzwald apareceu, a Polônia passava por um momento grave de cisão. De antiga potência do Leste Europeu e baluarte do catolicismo, passou às mãos protestantes da Rússia cismática e da Prússia que, governando com um autoritarismo sem precedentes, colocava todo tipo de obstáculos para a renovação moral do país. Entre esses obstáculos estava o controle das paróquias, deixando-as sem sacerdotes. Parecia uma situação sem saída, até que a Virgem Maria trouxe consolo aos poloneses.

História

As aparições aconteceram de 27 de junho a 16 de setembro de 1877. Na primeira vez que viu a Virgem Maria, Justina havia acabado de sair da igreja onde fazia catequese e estava acompanhada de sua mãe. O sino soou ao meio-dia para a oração do *Angelus*, e quando as duas começaram a rezar, repentinamente a menina viu acender-se um clarão sobre a árvore e entrou em êxtase. A mãe pensou que ela estava demorando muito para rezar o *Angelus* e chamou a atenção da filha. Justina, então, contou à mãe que estava vendo Nossa Senhora sentada num trono cercado de anjos. A Virgem pediu a ela que voltasse lá no dia seguinte. Justina obedeceu e levou consigo sua amiga Bárbara. As meninas começaram a rezar o rosário e, mais uma vez, Nossa Senhora apareceu. Bárbara também teve a graça de vê-la. Este foi o colóquio entre as videntes e Nossa Senhora: Elas perguntaram: "Quem é você?" "Eu sou a Santíssima Virgem Maria da Imaculada Conceição!" "O que a senhora precisa, mãe de Deus?" "Desejo que reciteis o rosário todos os dias!"

Durante quase três meses as aparições prosseguiram e muitas pessoas puderam testemunhar o êxtase das meninas, fazendo perguntas a Nossa Senhora. A população local queria saber especialmente se os sacerdotes que haviam sido presos por causa das perseguições iriam ser soltos e se a Polônia voltaria a ser livre e viver em paz. A Virgem respondia claramente, demonstrando o poder da oração: "Rezem o rosário. Se as pessoas rezarem com ardor, a Igreja não será oprimida e as paróquias abandonadas receberão sacerdotes em breve".

Milagres

Esta resposta da Virgem se espalhou e as pessoas começaram a rezar o rosário, especialmente em família e em comunidade. As peregrinações ao local das aparições começaram de forma natural. As autoridades anticatólicas fizeram de tudo para evitar o movimento, declarando se tratar de uma fraude, um obstáculo para o progresso e um perigo público para o Estado. Padres haviam sido detidos e multados sob a acusação de espalhar falsidades. Um dos que mais se distinguiu em difundir as aparições foi o frade capuchinho Honorato Kozminski, beatificado em 1988.

Moradores de várias partes da Polônia ouviram os apelos de Nossa Senhora e acorreram em grande número a Gietrzwald para rezar em comunhão com seus irmãos de fé. Aos peregrinos eram infringidos castigos. Apesar das perseguições, inclusive às videntes, o povo continuava a rezar o rosário em toda parte e, diga-se, com fervor redobrado. O bispo local pediu aos padres e aos religiosos para que se juntassem aos fiéis e, juntos, recitassem o rosário, a fim de reforçarem a oração comunitária e servirem de exemplo ao povo católico.

Na aparição de 3 de julho, as meninas perguntam se os doentes seriam curados. Nossa Senhora respondeu que os milagres aconteceriam, mas que os doentes deveriam primeiro rezar diariamente o terço.

Em 28 de julho, a pergunta foi sobre as consequências para a vida de uma pessoa que jura falsamente em nome de Deus. A Virgem Maria disse: "Essa pessoa não merece ir para o céu e está sendo induzida por satanás".

Em 5 de agosto, Nossa Senhora avisou que apareceria em 8 de setembro, dia em que a Igreja celebra seu aniversário natalício. Na aparição de 8 de setembro, Nossa Senhora revelou: "Agora os doentes podem tomar desta água para receberem a cura".

Na aparição de 16 de setembro de 1887, Nossa Senhora abençoou os fiéis presentes e uma pequena imagem que lhe apresentaram. Suas últimas palavras em Gietrzwald foram: "Rezem o terço devotamente".

As visões de Nossa Senhora foram estudadas pela Igreja ainda durante o período das aparições. O bispo da Diocese de Warmia, Dom Filip Krementz, solicitou um relatório detalhado ao pároco e enviou delegados a Gietrzwald para observar o comportamento das videntes durante as aparições, preparar o registro de seus depoimentos e colher observações de peregrinos e religiosos.

Os membros da comissão teológica especial e um comitê médico foram a Gietrzwald no dia 20 de agosto de 1877. Eles examinaram as videntes durante seus êxtases, avaliaram todos os movimentos e reações e nada perceberam que pudesse ser caracterizado como simulação. O relatório indicou que as pulsações cardíacas das videntes ficavam abaixo do normal e que a expressão facial de ambas se congelava no momento das visões, confirmando a veracidade dos fatos sobrenaturais e alegando que nada nelas indicava desejo de ganhar notoriedade.

Em 1878, o Bispo Filip Krementz aprovou a devoção à Nossa Senhora de Gietrzwald. Cinco anos após esses fatos, e graças à perseverança na recitação do rosário, a situação religiosa na Polônia se transformou completamente. As paróquias voltaram a ter sacerdotes, a frequência aos sacramentos se multiplicava, aumentaram as vocações nos mosteiros da região e houve notórias graças de conversão.

A recitação do rosário em família foi difundida no país inteiro. Os próprios perseguidores da Igreja se apequenaram e abrandaram seus procedimentos anticatólicos. No entanto, em termos políticos, o país só seria recomposto depois da Primeira Guerra Mundial.

Em 8 de setembro de 1967, a pintura da Santíssima Virgem foi coroada solenemente pelo arcebispo-primaz da Polônia, Stefan Wyszynski, auxiliado por muitos bispos poloneses; entre eles, Karol Józef Wojtyla, que se tornaria o Papa João Paulo II. Em 1970, Paulo VI elevou a Igreja de Gietrzwald à Basílica Menor, e, em 1977, nas cerimônias comemorativas do primeiro centenário das aparições, houve a aprovação oficial da Santa Sé.

Justina e Bárbara tornaram-se religiosas. Bárbara teve uma vida missionária e faleceu em 1985, com 85 anos; é Serva de Deus e aguarda processo de beatificação.

Oração

Mãe de Nosso Senhor, curadora de almas e corpos, Senhora de Gietrzwald, vós que abençoastes tão sublime lugar com vossa presença, por favor, voltai os vossos olhos amorosos para mim e pedi ao vosso Filho Jesus Cristo os favores que eu preciso (fazer os pedidos). Amém!

Mãe, Rainha e Vencedora Três Vezes Admirável de Schoenstatt

Schoenstatt, que quer dizer "um belo lugar", é um bairro da cidade de Vallendar, às margens do Rio Reno, na Alemanha, onde estava localizado o seminário dos Padres Palotinos (Ordem fundada por São Vicente Pallotti, no século XIX). Esse local é o centro e origem mundial do Movimento Apostólico de Schoenstatt; no entanto, Nossa Senhora não apareceu nas ruas desse belo lugar. Sendo de fato uma Obra de Maria, o Apostolado da Mãe e Rainha perdura através dos tempos.

Esta devoção nasceu, portanto, com o Movimento Apostólico de Schoenstatt, que faz parte da Obra Internacional fundada em 18 de outubro de 1914, pelo Pe. José Kentenich. O ato da fundação é a Aliança de Amor com Maria, firmada pelo sacerdote, juntamente com um grupo de seminaristas. Por meio desse ato, a Mãe de Deus é convidada a estabelecer-se na capelinha existente junto ao Seminário Palotino de Schoenstatt e fazer dela um santuário de graças, de onde partisse um movimento de renovação religioso e moral para o mundo. Para isso, todos os que selam a Aliança se comprometem a oferecer a Maria, como dádiva de amor, o empenho de todas as forças em sua autoeducação. A Aliança foi aceita, Deus abençoou o movimento com um crescimento rápido e ele está presente nos cinco continentes, com mais de 200 centros de espiritualidade e de missão no mundo inteiro[15].

Diariamente, peregrinos de todas as nações vão ao Santuário Original, considerado um lugar mariano de graças. Os santuários filiais, assim chamados por serem idênticos ao original em Schoenstatt, hoje estão espalhados pelo mundo.

Além disso, dessa espiritualidade mariana nasceu a Campanha da Mãe Peregrina, iniciada em 1950 pelo brasileiro João Luiz Pozzobon, a convite da Ir. M. Teresinha Gobbo, então responsável pelo Movimento no Brasil, e que hoje chega aos lares dos filhos de Maria de todas as partes do mundo. Trata-se de uma capelinha que imita a silhueta do Santuá-

---

15 Cf. www.maepergrina.org.br

rio Original com a imagem de Nossa Senhora de Schoenstatt e fica um dia em cada casa, convidando, com este sinal visível, à oração em família.

O título de Nossa Senhora escolhido pelo Pe. Kentenich tem um significado profundo e especial.

Ela é Mãe – Porque nos foi dada como Mãe por Jesus agonizante na cruz, por meio das palavras memoráveis: "Eis aí a tua Mãe". Naquele momento, o Apóstolo João representou toda a humanidade. Ela é o presente precioso que Cristo nos legou na cruz. Ela é a Mãe de Cristo e nossa Mãe.

Ela é Rainha – Porque está acima de todas as criaturas, por sua dignidade de Mãe de Deus. Deus a fez Imaculada, concebida sem o pecado original, cheia de graça. Depois de sua assunção ao Céu, foi coroada como Rainha do Céu e da Terra. É Rainha porque é a Mãe de Cristo, o Rei do Universo. Em 1939, Nossa Senhora de Schoenstatt foi coroada pela primeira vez. Nessa época, o nacional-socialismo perseguia a Igreja e o Movimento Apostólico de Schoenstatt.

Ela é Vencedora – Pelo poder que Deus lhe concedeu de vencer e triunfar em todas as batalhas contra os poderes diabólicos. É vencedora em nós e por nós, em todos os nossos problemas, nas lutas e dificuldades. A experiência histórica das pessoas que buscam viver a espiritualidade de Schoenstatt, especialmente a vida do Pe. José Kentenich, comprova que Maria é a grande vencedora de todas as batalhas. Mesmo tento passado por grandes dificuldades e perseguições, esse movimento permaneceu de pé e ainda mais fortalecido, embora sofrendo dores.

Três Vezes Admirável – Pela grandeza de sua posição junto a Deus Trino, como filha predileta do Pai, Mãe do Filho de Deus, Esposa do Espírito Santo.

De Schoenstatt – Porque o lugar que Deus escolheu para estabelecer este santuário chama-se Schoenstatt.

História
Agora vamos falar da Aliança de Amor com a Mãe Rainha.

Como já vimos, Nossa Senhora de Schoenstatt não apareceu em visão, mas foi convidada a tomar posse da capelinha, transformando-a em santuário de graças, por meio de uma Aliança de Amor. Se não é uma aparição, por que há tantos devotos e um apostolado tão fecundo?

Em seus primeiros discursos, o Pe. Kentenich, um sacerdote profundamente mariano, proferiu palavras que se cumpriram na íntegra ao longo dos anos: "O pequeno santuário deve se tornar o centro de uma grande missão mundial, de um grande movimento mundial. A Mãe de Deus deve iniciar um grande e original movimento de renovação e nos usar como instrumentos; mas, além disso, convocar muitos homens para serem seus instrumentos".

Aos 9 anos de idade, José Kentenich consagrou-se a Nossa Senhora. E essa consagração marcou profundamente sua vida e personalidade. Ele próprio revelou que Deus lhe deu o carisma de anunciar ao mundo o mistério de Maria. Foi ordenado sacerdote em 1910, e em 1912 foi nomeado diretor espiritual dos seminaristas no novo seminário dos Padres Palotinos, em Schoenstatt, cargo que ele aceitou com um sim semelhante ao de Maria: pleno e incondicional à vontade de Deus.

A história de Schoenstatt e da capela remonta ao século XII. Em 1143, o bispo de Treves, Dom Alberto, doou às Irmãs Agostinianas uma área próxima ao Rio Reno. Ao visitar esse lugar, tomado de admiração diante da beleza do vale, Dom Alberto teria dito: "Ëyne Schöne Statt"; ou seja, um lindo lugar! Desta expressão originou-se o nome Schoenstatt. As agostinianas construíram ali um convento e uma basílica. Um documento de 1242 refere-se a essa basílica como Igreja da Santíssima Virgem Maria; portanto, nossa

Mãezinha do céu. Conclui-se que o lugar já era dedicado a Maria. A capelinha que fazia parte das construções no vale, hoje o santuário, deve ter sido construída em 1224 como capela de cemitério e que, segundo o costume alemão, era dedicada a São Miguel Arcanjo. Essa capela teria sido destruída na Guerra dos Trinta Anos na Europa e reconstruída posteriormente; também foi danificada em 1812 durante a Invasão Francesa. Finalmente, em 1889, uma família nobre adquiriu a área e a capela com o formato atual, para fazer suas devoções particulares.

Em 1901, os Padres Palotinos compraram esse vale, onde instalaram o seminário em frente à capelinha, na antiga casa edificada sobre o fundamento do convento das agostinianas. Nesse seminário moravam 150 jovens – ou seja, futuros sacerdotes – que tinham como diretor espiritual o Pe. José Kentenich. Quando ele assumiu essa tarefa encontrou um ambiente hostil: reinava uma revolta dos seminaristas por causa do sistema muito rígido que lhes havia sido imposto. O Pe. Kentenich, então, começou a educá-los com bondade, firmeza e muito diálogo, o que era raro naquela época, dando espaço para eles se decidirem por si mesmos aos mais elevados ideais. Ele estabeleceu o seguinte programa: "Sob a proteção de Maria queremos aprender a nos educar para sermos sólidos e livres caráteres sacerdotais".

O elevado e audacioso ideal contido nesse programa e a maneira como ele o apresentou cativaram e entusiasmaram o coração dos jovens, ajudando-os a superar o espírito de revolta.

Em abril de 1914, incentivados por Kentenich, os jovens fundaram a Congregação Mariana, partindo do princípio exposto por seu diretor espiritual, o de que a luta pela liberdade e a formação da personalidade integral não seria possível sem a proteção de Nossa Senhora. E em que lugar aconteceriam os encontros da nova Congregação? Na antiga capelinha de São Miguel, que estava quase em ruínas e sendo utilizada como depósito. A autorização para usar o lugar veio do então superior provincial dos palotinos, Pe. Miguel Kolb. Os próprios jovens restauraram a capela e o Pe. Kolb presenteou a capelinha com uma estátua de São Miguel Arcanjo, seu padroeiro.

Pe. Kentenich sempre se orientava pela fé na Divina Providência e procurou interpretar a vontade de Deus que se manifestava nos pequenos sinais que o cercavam. Tomando conhecimento da obra de um advogado convertido, Bartolo Longo, que em julho daquele ano havia fundado um santuário dedicado à Nossa Senhora do Rosário junto às ruinas da Cidade de Pompeia, na Itália, pensou instantemente: "O que Deus quer dizer com isto? Quererá Ele criar aqui também um lugar de graças?"

Mas como pensara em realizar um projeto ousado desses em meio ao início da Primeira Guerra Mundial, em que já era uma grande graça conseguir enfrentar os perigos nos campos de batalha?

Depois de muito rezar e refletir, baseado somente na fé profunda e cega na Providência, decidiu revelar aos jovens seus planos. Ele estava convicto de que um grande amor a Nossa Senhora daria a esses jovens a força necessária para manter inabalável a sua vocação sacerdotal.

Naquele momento, vários percalços cercavam a vida dos futuros sacerdotes. Foi preciso, por exemplo, transformar o seminário em um hospital militar, muitos seminaristas tiveram que se alojar numa casa em situação de extrema precariedade e outros foram chamados a combater no front. O Pe. Kentenich tinha em seu íntimo que aquele convite aos jovens era, na verdade, um convite de Nossa Senhora. "Parece-me como se neste momento, aqui na antiga capelinha de São Miguel, Nossa Senhora nos falasse pela boca do arcanjo: 'Não vos preocupeis com a realização de vosso desejo'." E o desejo do sacerdote era convidar Nossa

Senhora a estabelecer naquele local seu trono de graças, transformando uma capelinha abandonada em um lugar de dádivas, um lugar de romarias.

Os jovens aceitaram a oferta, levaram a sério o seu compromisso e, na capelinha, ofereceram a Nossa Senhora suas orações, sacrifícios e todo o esforço para a própria santificação.

A este mútuo compromisso entre Nossa Senhora e o Pe. Kentenich, juntamente com os seminaristas, chamou-se mais tarde de Aliança de Amor. Naquela simplicidade da capelinha nasceu, então, um grande movimento de renovação do mundo em Cristo, por Maria. O Pe. Kentenich esperou a manifestação da vontade divina. Quando viu a semente que lançou germinar com vigor, reconheceu estar alinhado com o plano de Deus.

Milagres

O sim de Maria lhes conferia direitos e impunha exigências de uma vida zelosa de oração, colocando todos os méritos ao dispor da Mãe e Rainha. Muitos seminaristas que ali estavam ofereceram sua vida a Nossa Senhora diante dos perigos da guerra. A partir do apostolado dos jovens seminaristas na guerra, ampliou-se a devoção à Mãe e Rainha e a vinculação ao seu santuário. Outros jovens foram cativados por essa missão e a abraçaram. Surgiu assim, propriamente, o Movimento Apostólico de Schoenstatt, para além dos muros do seminário palotino. Em 1920, as primeiras mulheres aderiram e foram admitidas ao Movimento. Em 1926, algumas dessas mulheres deixaram sua profissão garantida e se mudaram definitivamente para Schoenstatt, a fim de iniciar ali o Instituto Secular das Irmãs de Maria, hoje presente nos cinco continentes.

Durante a Segunda Guerra Mundial, o Movimento foi perseguido pelos nazistas e, em 1942, o Pe. Kentenich foi preso, permanecendo três anos e meio no campo de concentração de Dachau. De lá, ele continuou fortalecendo a Família de Schoenstatt por meio de cartas clandestinas, pois as correspondências eram proibidas. No campo de concentração, ele continuou a dar palestras, formou grupos de sacerdotes e leigos que ali estavam detidos e ajudou muitas pessoas a encontrarem a Deus, como também as ajudou a superar a fome, dividindo com elas os mantimentos que recebia.

Libertado em 1945, ele iniciou viagens mundiais para visitar e fortalecer as Irmãs de Maria e a Família de Schoenstatt que haviam se espalhado e crescido em diversos países. No Brasil, as irmãs chegaram em 1935, estabelecendo-se, a princípio, em Jacarezinho/PR. A Mãe de Deus estabeleceu seu trono de graças em 23 santuários no país, sendo o primeiro em Santa Maria/RS, em 11 de abril de 1948. Em São Paulo, este "belo lugar" onde Nossa Senhora nos espera está em Atibaia, no interior do Estado, no bairro da Vila Mariana (Zona Sul da capital paulista) e no Jaraguá (Zona Oeste).

A história da busca da imagem para a capelinha é maravilhosa.

Entre 1914 e 1915, o Pe. Kentenich e os seminaristas estavam procurando uma imagem de Nossa Senhora para colocar na capelinha, ou seja, no Santuário Original da Mãe e Rainha. No dia 19 de abril de 1915 foi finalmente entronizada a imagem que atualmente conhecemos. Ela foi pintada pelo artista italiano Luigi Crossio, no século XIX. Ele também pintou um quadro, no mesmo estilo, no qual São José segura o Menino Jesus. O quadro foi comprado pelo Prof. Huggle, que lecionava no colégio onde estudavam os rapazes que o Pe. Kentenich acompanhava espiritualmente. Sabendo do desejo dos rapazes, o professor encontrou o quadro num antiquário alemão e o adquiriu para presenteá-lo. O nome dado pelo artista à obra era *Refúgio dos Pecadores*.

A imagem, no entanto, foi entronizada com o nome de *Mater ter Admirabilis* (Mãe Três Vezes Admirável), pois a Mãe de Deus havia revelado outrora a um sacerdote jesuíta que lhe agradava este título. Este sacerdote também era diretor espiritual de um florescente grupo de rapazes que se chamava Colóquio Mariano em Ingolstadt, Alemanha. Como os congregados de Schoenstatt se espelhavam na heroica aspiração à santidade dos rapazes de Ingolstadt, optaram por fazer um paralelo entre as duas realidades: Ingolstadt--Schoenstatt, escolhendo por Patrona Nossa Senhora com o mesmo título que ela tinha em Ingolstadt: *Mater Ter Admirabilis*, mesmo que a imagem não fosse a mesma.

Em 1934, com o avanço do nazismo na Alemanha, o Pe. Kentenich começou a pregar entre os schoenstattianos a difusão de Schoenstatt como antídoto contra o nacional-socialismo. Muitas imagens da Mãe e Rainha foram espalhadas por toda a Alemanha e foram incentivadas as peregrinações ao Santuário. Os schoenstattianos viviam esta convicção: "Somente com forças naturais não podemos sustentar uma luta contra um inimigo que tem todos os meios em suas mãos; porém, com fé e confiança filial na Mãe e Rainha Três Vezes Admirável, estaremos certos da vitória".

A Mãe de Deus se tinha comprovado, na história da obra de Schoenstatt, no decorrer dos anos, como a Rainha vitoriosa em todas as lutas. Assim, o Pe. Kentenich disse, em 27 de maio de 1938: "Considero de grande importância proclamar a Mãe de Deus como Rainha para toda a família". Assim, o título Mãe Três Vezes Admirável ampliou-se para Mãe e Rainha Três Vezes Admirável.

Entre 1951 e 1965, o Pe. Kentenich foi exilado nos Estados Unidos por uma medida tomada pela Igreja, como meio de comprovação da obra. Ele aceitou tudo como permissão de Deus e para sua própria santificação, por amor a Jesus e a Maria. Retornando do exílio de 14 anos, proclamou a Mãe de Deus como Vencedora, ampliando o título para Mãe, Rainha e Vencedora Três Vezes Admirável de Schoenstatt.

O Pe. Kentenich faleceu em fama de santidade em 15 de setembro de 1968, logo após a Santa Missa na festa de Nossa Senhora das Dores, em Schoenstatt. Seu processo de canonização foi aberto em 1975.

Em seus santuários, Maria quer nos manifestar seu amor de Mãe, seu poder transformador de Rainha e Educadora. Sempre que a visitamos com fé podemos receber as três graças especiais do Santuário de Schoenstatt: abrigo espiritual, transformação interior e fecundidade apostólica. As mesmas graças são dispensadas às famílias que recebem a Mãe Peregrina de Schoenstatt em suas casas!

Testemunho

"Eu recebo a Capelinha de Nossa Senhora de Schoenstatt em casa e posso testemunhar a alegria que é ter este sinal visível em nosso lar por um dia inteiro! As missionárias colocam um terço junto à imagem da Mãe Peregrina e, assim, o convite para rezarmos o terço em família fica mais forte. Em minha paróquia, as crianças aprendem desde cedo a amar Nossa Senhora e a confiar em sua intercessão. Na catequese de Primeira Eucaristia, a singela capelinha das crianças, em tamanho menor, circula entre as famílias dos catequizandos. Quantas graças traz de seu santuário Nossa Mãe Santíssima! Bendita iniciativa da Campanha da Mãe Peregrina!

Sobre Schoenstatt ainda quero contar para vocês a respeito da Ir. Glória, do Santuário de Garanhuns (PE), que conduz algumas vezes o terço conosco. E aqui um parêntese: como é bom ter esses aplicativos de comunicação à distância que nos unem em oração, mesmo estando tão longe!

A Ir. Glória é prima de Andreia Manzaro, minha madrinha no Terço da Quarentena, que tem uma família agraciada com várias vocações religiosas. Bem, de lá de Garanhuns, a Irmã de Schoenstatt, juntamente com suas companheiras de santuário, fala de Maria com um amor e uma doçura tão grandes que nos levam bem pertinho de nossa Mãezinha do céu, fazendo nossos corações transbordarem de ternura e nossa oração, cheia de esperança. Acredito ser um dom maravilhoso falar das coisas de Deus com 'boca de ouro', como a de São João Crisóstomo, famoso por seu dom de comunicar a Palavra de Deus. Crisóstomo não é sobrenome; foi um título que este doutor da Igreja recebeu e que quer dizer exatamente isso: Boca de ouro.

Em nome de todas as amigas do terço, agradeço de todo coração a Ir. Glória e todas as schoenstattianas por dividirem conosco tudo que aprendem no aconchego do colo de Maria, levando-nos a contribuir com o Capital de Graças que tanto agrada a Nossa Mãe Santíssima" (Even Sacchi Ambrosio).

Oração
Confio em teu poder e em tua bondade, em ti confio com filialidade. Confio cegamente, em toda situação, Mãe, no teu Filho e na tua proteção! (Oração da confiança, composta pelo Pe. José Kentenich).

Nossa Senhora de Fátima

A aparição de Nossa Senhora de Fátima, em Portugal, talvez seja a mais conhecida e difundida no mundo inteiro. Sem dúvida, foi um dos principais acontecimentos religiosos do século XX.

As aparições aconteceram a partir de 13 de maio e se estenderam até outubro de 1917, quando a humanidade vivia uma convulsão mundial diante dos horrores da Primeira Grande Guerra. O conflito eclodiu em 1914, depois de décadas de um clima de tensão internacional desencadeado pelo antagonismo econômico e político-militar entre as principais potências da Europa. A Primeira Guerra dizimou milhões de vidas, deixou outras tantas mutiladas, provocou o surgimento de novas nações e suscitou a criação de um regime de inspiração marxista na Rússia.

Simultaneamente a esse caos global, a Igreja Católica em Portugal enfrentava uma crise desde 1910, quando o país se tornou uma República. O governo introduziu leis anticlericais e proibiu o ensino religioso nas escolas; padres e bispos foram exilados. O início do século XX fomentou a desobediência a Deus, sendo o tempo de Freud, do marxismo e do comunismo. "A religião é o ópio do povo", disse o obscuro Karl Max.

Foi nesse contexto de turbulência que nossa Mãezinha do céu apareceu seis vezes para Lúcia, de 10 anos, Jacinta, de 7 anos, e Francisco, de 8, popularmente conhecidos como os três pastorinhos.

História

Nas aparições, Nossa Senhora nos pediu para rezar o terço pela paz mundial e fazer penitência pela conversão dos pecadores. A Virgem de Fátima nos indicou os meios de salvação: a recitação do rosário e a prática dos cinco primeiros sábados com a devoção ao seu Imaculado Coração. A maioria das manifestações em que Nossa Senhora veio até nós, com o semblante consternado diante de um mundo cheio de injustiças, discórdia e pecado, ocorreu no dia 13 de cada mês, em um lugar conhecido como Cova da Iria, um terreno da família de Lúcia, na cidade portuguesa de

Fátima. Envolta em majestade, mas com uma simplicidade singular, vemos a Virgem de Fátima em sua formosura até hoje, nas muitas obras de arte feitas a partir da descrição dos pequenos videntes.

O que aconteceu antes das aparições? Em 5 de maio de 1917, o Papa Bento XV havia convidado os católicos do mundo inteiro a se unirem em oração para pedir a intercessão de Nossa Senhora pela paz no mundo e pelo final da Primeira Guerra Mundial. Também antes da aparição, entre 1915 e 1916, o anjo do Senhor apareceu três vezes aos três pastorinhos. Identificando-se como o Anjo de Portugal e Anjo da Paz, na terceira aparição ele deu a hóstia a Lúcia, e o cálice a Francisco e Jacinta, dizendo: "Tomai e bebei o Corpo e o Sangue de Jesus Cristo, horrivelmente ultrajado pelos homens ingratos! Reparai os seus crimes e consolai o vosso Deus". O fato sobrenatural preparava as crianças para as aparições da Virgem Maria.

A 13 de maio de 1917 aconteceu a primeira aparição de Nossa Senhora do Rosário de Fátima. Lúcia e seus primos Francisco e Jacinta pastoreavam e brincavam na Cova da Iria, depois de terem participado da missa. Por volta do meio-dia viram uma luz muito intensa e pensaram ser o clarão de um relâmpago, já que a chuva se aproximava. Olharam mais atentamente e viram algo em cima de uma azinheira de cerca de 1,5m de altura. Foi nesse momento que notaram a presença de uma Senhora vestida de branco, um branco reluzente. Na descrição de Lúcia, "uma Senhora vestida toda de branco, mais brilhante do que o sol, espargindo luz mais clara e intensa do que um copo de cristal cheio de água cristalina, atravessado pelos raios do sol mais ardente. O vestido tinha as mangas relativamente estreitas e era fechado no pescoço, descendo até os pés, os quais, envolvidos por uma tênue nuvem, mal eram vistos roçando as folhas da azinheira. Um manto lhe cobria a cabeça, também branco e orlado de ouro, do mesmo comprimento que o vestido, envolvendo-lhe quase todo o corpo. As mãos, trazia-as juntas em oração, apoiadas no peito, e da direita pendia um lindo rosário de contas brilhantes como pérolas, terminando por uma cruzinha de vivíssima luz prateada. [Como] único adereço, um fino colar de ouro-luz, pendente sobre o peito e rematado, quase à cintura, por uma pequena esfera do mesmo metal".

Surpresos, chegaram mais perto, e a Virgem Maria pronunciou suas primeiras palavras às crianças: "Não tenhais medo, eu não faço mal". "De onde é Vossemecê?" "Sou do céu". "E o que Vossemecê quer?" "Vim para vos pedir que venhais seis meses seguidos, no dia 13, a esta mesma hora. Depois vos direi quem sou e o que quero. Depois voltarei ainda aqui uma sétima vez". "E eu, vou para o céu?" "Sim vais". "E a Jacinta?" "Também". "E o Francisco?" "Também; mas têm que rezar muitos terços".

Nossa Senhora ainda disse: "Quereis oferecer-vos a Deus para suportar todos os sofrimentos que Ele quiser enviar-vos, em ato de reparação pelos pecados com que Ele é ofendido, e de súplica pela conversão dos pecadores?"[16] "Sim, queremos". "Ide, pois tendes muito que sofrer, mas a graça de Deus será o vosso conforto".

Jacinta exclamava encantada: "Ai, que Senhora tão bonita! Ai, que Senhora tão bonita!"

Nas aparições, a Virgem Santíssima falou apenas com Lúcia, Jacinta só ouvia o que ela dizia e Francisco não a ouvia, mas a via.

A segunda aparição foi em 13 de junho. Os videntes não estavam sós; mais de 50 pessoas haviam comparecido ao local.

---

16 Diálogos. Cf. www.fatima.pt/pt/ • www.pastorinhos.com/

Jacinta não conseguira guardar o segredo, e a notícia da aparição se espalhou. Lúcia perguntou: "Vossemecê que me quer?" "Quero que venhais aqui no dia 13 do mês que vem, que rezeis o terço todos os dias e que aprendais a ler. Depois direi o que quero".

Lúcia pediu a Nossa Senhora a cura de um doente. "Se ele se converter será curado no decorrer do ano". "Queria pedir-lhe para nos levar para o céu". "Sim, a Jacinta e o Francisco, levo-os em breve. Mas tu ficas cá mais algum tempo. Jesus quer servir-se de ti para me fazer conhecer e amar. Ele quer estabelecer no mundo a devoção ao meu Imaculado Coração. A quem a abraçar prometo a salvação; e serão queridas de Deus essas almas, como flores postas por mim a adornar o seu trono". "Fico cá sozinha?" "Não, filha. Eu nunca te deixarei. O meu Imaculado Coração será o teu refúgio e o caminho que te conduzirá até Deus".

Nenhuma das pessoas presentes viu Nossa Senhora.

A terceira aparição foi em 13 de julho. Nesse dia, mais de 2 mil pessoas se aglomeravam na Cova da Iria. Eles notaram uma nuvenzinha de cor acinzentada pairando sobre a azinheira; notaram também que o sol se ofuscou e um vento fresco soprou, aliviando o calor do auge do verão. Lúcia iniciou a conversa: "Vossemecê que me quer?" "Quero que venham aqui no dia 13 do mês que vem, que continuem a rezar o terço todos os dias em honra de Nossa Senhora do Rosário, para obter a paz do mundo e o fim da guerra, porque só ela lhes poderá valer". "Queria pedir-lhe para nos dizer quem é; para fazer um milagre para que todos acreditem que Vossemecê nos aparece". "Continuem a vir aqui todos os meses. Em outubro direi quem sou, o que quero e farei um milagre que todos hão de ver para acreditar... Sacrificai-vos pelos pecadores e dizei muitas vezes, em especial sempre que fizerdes algum sacrifício: 'Ó Jesus, é por vosso amor, pela conversão dos pecadores e em reparação pelos pecados cometidos contra o Imaculado Coração de Maria'".

Nessa aparição as crianças tiveram a visão do inferno, descrita anos depois pela Irmã Lúcia em seu Diário: "Nossa Senhora mostrou-nos um grande mar de fogo que parecia estar debaixo da terra. Mergulhados nesse fogo, os demônios e as almas, como se fossem transparentes e negras ou bronzeadas, com forma humana, que flutuavam no incêndio levadas pelas chamas que delas mesma saíam juntamente com nuvens de fumo, caindo para todos os lados, semelhante ao cair das fagulhas de grandes incêndios, sem peso nem equilíbrio, entre gemidos e gritos de dor e de desespero que horrorizava e fazia estremecer de pavor. Os demônios distinguiam-se por formas horríveis e asquerosas de anormais, espantosos e desconhecidos, mais transparentes e negros".

Após a terrível visão do inferno, os três pastorinhos levantaram os olhos para Nossa Senhora, e ela disse: "Vistes o inferno, para onde vão as almas dos pobres pecadores. Para as salvar, Deus quer estabelecer no mundo a devoção ao meu Imaculado Coração. Se fizerem o que eu vos disser, serão salvas muitas almas e terão paz. A guerra vai acabar. Mas se não deixarem de ofender a Deus, no reinado de Pio XI começará outra pior. Quando virdes uma noite alumiada por uma luz desconhecida sabei que é o grande sinal que Deus vos dá, de que vai punir o mundo de seus crimes por meio da guerra, da fome e de perseguições à Igreja e ao Santo Padre. Para a impedir, virei pedir a consagração da Rússia ao meu Imaculado Coração e a comunhão reparadora nos primeiros sábados. Se atenderem aos meus pedidos, a Rússia se converterá e terão paz; se não, espalhará seus erros pelo mundo, promovendo guerras e perseguições à Igreja. Os bons serão martirizados, o Santo Padre terá muito que sofrer, várias nações serão aniquiladas. Por fim, o meu Imaculado Coração triunfará. O Santo Padre irá me consagrar à Rússia e ela se converterá, sendo concedido ao mundo algum tempo de paz". Aqui está a terceira parte do Segredo de Fátima, só revelada em 13 de maio de 2000.

Foi também nessa aparição que Nossa Senhora disse: "Quando rezardes o terço dizei depois de cada mistério: 'Ó meu Jesus, perdoai-nos, livrai-nos do fogo do inferno, levai as almas todas para o céu, principalmente aquelas que mais precisarem'".

Vamos à quarta aparição, em 15 de agosto. Os três pastorinhos foram sequestrados na manhã do dia 13 de agosto pelo administrador do Conselho de Ourém. Ele achava que os segredos de Nossa Senhora se referiam a um acontecimento político que abalaria a República recém-instalada em Portugal. As crianças foram presas junto com criminosos e deixadas sem comida. Mesmo diante das pressões, nada contaram. Vendo a irredutibilidade dos pastorinhos, o administrador desistiu do intento e devolveu os videntes às suas famílias. Mas eles acabaram perdendo o encontro com Nossa Senhora. Dois dias depois, entretanto, a Virgem Maria apareceu novamente em um lugar chamado Valinhos, pedindo a eles que voltassem à Cova da Iria nos meses seguintes. Depois disse: "Rezai, rezai muito; e fazei sacrifícios pelos pecadores, pois muitas almas irão para o inferno por não haver quem se sacrifique e peça por elas".

Em 13 de setembro aconteceu a quinta aparição. Nesse dia já havia cerca de 20 mil pessoas no local das aparições. Nossa Senhora disse: "Continuem a rezar o terço para alcançarem o fim da guerra. Em outubro virá também Nosso Senhor, Nossa Senhora das Dores e do Carmo, São José com o Menino Jesus para abençoarem o mundo. Deus está contente com os vossos sacrifícios, mas não quer que durmais com a corda. Trazei-a só durante o dia".

Quando Lúcia disse que muitos pediam a ela a cura de doentes, Nossa Senhora respondeu: "Sim, alguns curarei. Outros, não".

A sexta aparição foi em 13 de outubro de 1917. A multidão rezava o terço quando Nossa Senhora apareceu e disse a Lúcia: "Quero dizer-te que façam aqui uma capela em minha honra; que sou a Senhora do Rosário; que continuem sempre a rezar o terço todos os dias. A guerra vai acabar e os militares voltarão em breve para suas casas".

Sobre os pecadores, a Virgem de Fátima disse que é necessário que se emendem; que peçam perdão dos seus pecados, não ofendam mais a Deus, pois Ele já estava muito ofendido.

Naquele momento a Virgem Maria abriu as mãos e fez com que elas se refletissem no sol, começou a se elevar e desapareceu. Enquanto ela se elevava, o reflexo de sua própria luz se projetava no sol. Os pastorinhos então viram, ao lado do sol, o Menino Jesus com São José e Nossa Senhora. São José e o Menino traçavam com a mão gestos em forma de cruz, abençoando o mundo. Em seguida, Lúcia viu Nosso Senhor a caminho do calvário e Nossa Senhora das Dores. Jesus abençoou novamente a multidão. Por fim, aos olhos de Lúcia, apareceu Nossa Senhora do Carmo com aspecto majestoso. As três visões recordaram, assim, os Mistérios gozosos, dolorosos e gloriosos do Santo Rosário.

Milagre

No mesmo dia da sexta aparição aconteceu o milagre do Sol. Este apareceu por entre as nuvens, como um grande disco prateado, brilhando com um fulgor fora do comum, mas sem cegar a vista, e logo começou a girar vertiginosamente. Depois parou algum tempo e recomeçou a girar sobre si mesmo como uma imensa bola de fogo. Suas bordas tornaram-se, a certa altura, avermelhadas e espalhavam chamas de fogo. A luz dessas chamas se refletia nos rostos dos espectadores, nas árvores, em todos os objetos, os quais ficavam em cores diversas.

Cerca de 70 mil pessoas assistiram ao milagre. Muitas haviam passado a noite toda na Cova da Iria. Chovia torrencialmente e o solo estava um imenso lamaçal. Três vezes o Sol, girando loucamente, precipitou-se em ziguezague sobre a terra, para pavor da multidão que, aterrorizada, pedia a Deus perdão e misericórdia. O fenômeno durou cerca de 10min. Todos o viram e ninguém ousou colocá-lo em dúvida. O fenômeno foi visto mesmo por aqueles que estavam a 40km de distância.

Inicialmente, autoridades religiosas portuguesas duvidaram da veracidade das aparições e a Igreja em Portugal iniciou uma investigação que só terminou em 1930, quando as visões foram declaradas autênticas por Dom José Alves Correia da Silva, bispo de Leiria.

* * *

A sétima aparição só aconteceu em 15 de junho de 1921. No Diário da Ir. Lúcia ela relata que estava em dúvida se respondia sim ao pedido de Dom José para que ela se mudasse para Porto, onde não era muito conhecida, para viver no Asilo do Vilar. Nossa Senhora a esclareceu: "Aqui estou pela sétima vez, vai, segue o caminho por onde o senhor bispo te quiser levar. Essa é a vontade de Deus".

Vamos falar agora da Devoção ao Imaculado Coração de Maria. Em 10 de dezembro de 1925, no quarto de Lúcia em Pontevedra (Espanha), apareceu-lhe a Virgem Maria e, ao lado, suspenso em uma nuvem, o Menino Jesus. Nossa Senhora, pôs a mão em seu ombro e mostrou um coração cercado de espinhos que tinha na outra mão. O Menino disse: "Tem pena do coração da tua Santíssima Mãe que está coberto de espinhos, que os homens ingratos a todos os momentos lhe cravam sem haver quem faça um ato de reparação para tirá-los". Em seguida, Maria disse: "Olha, minha filha, o meu coração cercado de espinhos, que os homens ingratos a todos os momentos me cravam, com blasfêmias e ingratidões. Tu, ao menos, consola-me e diga que todos aqueles que durante cinco meses, ao primeiro sábado, se confessarem, receberem a Sagrada Comunhão, rezarem o terço e me fizerem 15min de companhia, meditando nos 15 mistérios do rosário, com o fim de me desagravar, eu prometo assistir-lhes na hora da morte com todas as graças necessárias para a salvação dessas almas". – Muitas paróquias espalhadas pelo mundo oferecem essa linda devoção aos fiéis.

"Por que cinco sábados?" Lúcia perguntou a Nosso Senhor durante uma Hora Santa, em 29 de maio de 1930, em Tuy, e lhe foi respondido pelo próprio Jesus, que revelou como a vivência dessa espiritualidade lhe agrada e atrai sobre nós a sua misericórdia. Ele disse: "Minha filha, o motivo é simples: são cinco as espécies de ofensas e blasfêmias proferidas contra o Imaculado Coração de Maria: as blasfêmias contra a Imaculada Conceição; contra a sua virgindade; contra a maternidade divina, recusando, ao mesmo tempo, recebê-la como Mãe dos homens; os que procuram publicamente infundir nos corações das crianças a indiferença, o desprezo e até o ódio para com essa Imaculada Mãe; e os que a ultrajam diretamente nas suas sagradas imagens".

Entendamos melhor os três segredos de Fátima. Nos anos de 1940 Lúcia revelou por meio de livros de memórias que a Virgem Maria teria contado a ela e a seus primos três segredos. Os dois primeiros descreveram uma imagem apocalíptica do inferno, previram o fim da Primeira Guerra Mundial, o início da Segunda Guerra e a ascensão e queda do comunismo soviético.

Em 2000, o Vaticano revelou o terceiro e último segredo, descrito como uma profecia da tentativa de assassinato do então Papa João Paulo II, em 13 de maio de 1981, na Praça São Pedro. As crianças tiveram a visão de um papa que rezava e andava penosamente em direção à cruz por entre os cadáveres dos mártires, caindo por terra como morto sob os tiros de uma arma de fogo; mas o "Papa agonizante deteve-se no limiar da morte". João Paulo II afirmou, à época do atentado, que foi Nossa Senhora quem o salvou com sua mão materna a guiar a trajetória da bala (o projétil foi incrustado na coroa da imagem original de Nossa Senhora de Fátima, venerada desde 1920 no santuário).

Outra grande parte dessa terceira visão é a penitência, chamando o mundo a se voltar para Deus. Segundo Lúcia: "[...] vimos ao lado esquerdo de Nossa Senhora, um pouco mais alto, um anjo com uma espada de fogo na mão esquerda; cintilando, soltava chamas que pareciam incendiar o mundo, mas se apagavam com o contato do brilho que da mão direita expedia Nossa Senhora ao seu encontro. O anjo, apontando com a mão direita para a terra, com voz forte disse: 'Penitência, penitência, penitência!'"

Sobre o cumprimento dos pedidos de Nossa Senhora. O Papa Pio XII consagrou, em 31 de outubro de 1942, todo o gênero humano ao Coração Imaculado de Maria. Em Roma, no dia 25 de março de 1984, João Paulo II, em união com os bispos da Igreja, renovou a consagração do mundo e da Rússia.

Francisco e Jacinta Marto, que morreram ainda crianças de gripe espanhola, foram canonizados em 2017 pelo Papa Francisco, diante de um milagre alcançado por intercessão dos irmãos a um menino brasileiro chamado Lucas. Ele teve traumatismo craniano depois de cair de uma janela a 6,5m de altura e ficou completamente curado dias depois, a partir da inspiração de uma irmã carmelita que decidiu pedir a intercessão deles.

A Ir. Lúcia, irmã carmelita desde 1946, morreu em 2005 e seu processo de beatificação está em andamento. Além de falar com Jesus e Nossa Senhora, ela teve a visão da Santíssima Trindade, anos depois das aparições em Fátima.

Como vimos, Nossa Senhora de Fátima repetiu incessantemente que devemos rezar o terço diariamente. Ela não teria feito este apelo em todas as aparições se não fosse importante para nossa salvação e a de nossos irmãos.

Então, vamos colocar esse pedido de Nossa Senhora em nosso coração e nos aplicar para rezarmos o terço – e por que não o rosário – todos os dias de nossa vida!

Não encontremos na falta de tempo em nosso cotidiano a desculpa de que não houve condições de rezarmos. Lembrem-se das pessoas que têm uma vida até mais atribulada do que a nossa, mas que sempre acham um espaço em seu dia para rezar.

Aliás, quem não tem tempo para Deus vive perdendo tempo!

Testemunho
"Eu tenho Aparecida em meu nome, uma homenagem de minha mãe à Padroeira do Brasil; sendo ainda agraciada por ter nascido em 13 de maio, Dia de Nossa Senhora de Fátima e dia em que a Princesa Isabel, devota de Nossa Senhora Aparecida, aboliu a perversa escravatura no Brasil. Desde criança fui muito devota de Nossa Senhora, primeiro Aparecida e depois Fátima. Sinto sempre a intercessão da Virgem Mãe em minha vida e recebi muitas graças pelas mãos afáveis de Maria. Conto a vocês algumas delas.

Primeira graça – Quando eu tinha uns 12 anos, meu pai foi internado, em princípio, com diagnóstico de infarto, e o médico o desenganou. Lembro-me de me ajoelhar no quartinho de casa e pedir para minha Mãezinha salvar meu pai. Ela me ouviu. Os médicos descobriram que ele tinha uma úlcera supurada. Decidiram operá-lo e ele voltou ótimo para casa!

Segunda graça – Meu primo Ricardo (18 anos) sofreu um acidente de moto; foi levado de helicóptero para o hospital e, chegando lá, os médicos disseram que teriam de amputar sua perna, pois não havia como recuperá-la. Logo que fiquei sabendo, fui à Igreja Matriz de Santo Antônio, em Osasco. Rezei e pedi a intercessão de minha Mãe, que nunca desampara um filho. Lá, tive uma clara visão da perna do meu primo sendo refeita e, naquele momento, soube que tinha sido atendida. Hoje, após várias cirurgias, ele caminha normalmente, tendo sua perna recuperada.

Terceira graça – Quando meu segundo filho tinha 5 anos fui diagnosticada com um tumor no útero, depois de um exame de rotina. Teria de operar e remover o útero. Saí do consultório transtornada, entrei no carro e, na frente do consultório mesmo, conversei com minha Mãe do céu: 'Mãe, se eu me curar sem cirurgia, pois sei que, com sua intercessão seu Filho atende, prometo que, quando for a Portugal pela primeira vez, visitarei o Santuário de Fátima'.

Qual não foi a minha alegria quando repeti o exame e o tumor havia sumido! Para o médico, foi erro do laboratório, mas dentro do meu coração eu sabia que minha Mãe havia atendido ao meu pedido.

Creio que o cumprimento da promessa também teve o toque das delicadas mãos de Maria. A empresa na qual eu trabalhava, anos depois me enviou a Portugal para participar de uma reunião com um cliente, acompanhada de um funcionário da área de vendas. Ao sair da reunião, na Região de Leiria, já era noite. No caminho de volta havia várias placas indicando o Santuário de Fátima. Pensei comigo: 'Meu Deus, estou tão perto e tão longe! Como cumprir minha promessa estando a trabalho? Mãe, me perdoa, não posso ir te visitar; estou a trabalho'. Seguimos na estrada e, de repente, iniciamos uma subida onde vimos mais placas 'Santuário de Fátima'. Meu amigo virou assustado e me disse: 'É muito estranho, não sei para onde estou indo, mas tenho a sensação de que não sou eu quem está dirigindo este carro'.

Comecei a chorar e contei a ele sobre a promessa. "Por que você não me disse antes? Estou aqui todo aflito, sem saber para onde estava sendo levado! Vamos lá!"

Quando chegamos ao estacionamento do santuário vimos que estava em reforma e a igreja estava fechada, mas a promessa foi cumprida!

Voltei ao santuário outras vezes, inclusive para renovar as promessas de casamento, nas Bodas de Prata, na presença de minha Mãe, Nossa Senhora de Fátima; e em 2020, comemoramos 32 anos de casados, recebendo novamente a bênção das alianças e fazendo a renovação dos votos do matrimônio no santuário, com cerimônia realizada por um padre muito simpático e atencioso" (Solange Aparecida).

Oração
Virgem de Fátima, Senhora do Natal, intercedei junto a Cristo, a fim de contemplarmos o mistério de Deus humanado! Virgem de Fátima, Senhora da Sabedoria, intercedei junto a Cristo, a fim de chegarmos ao conhecimento das coisas do alto! Virgem de Fátima, Senhora de Caná, intercedei junto a Cristo, a fim de podermos fazer sempre o que Ele nos disser! Virgem de Fátima, Senhora da Conversão, intercedei junto a Cristo, a fim de chegarmos ao Reino anunciado! Amém![17]

Nossa Senhora Porta do Céu

O ícone que leva o nome de Maria Porta do Céu foi pintado por um monge em 1920 no Monte Athos, Grécia. A obra foi feita a partir da original que se encontrava desde o

---

17 Invocações do Santo Rosário retiradas de www.fatima.pt/pt

século VI em Constantinopla (atual Istambul, na Turquia). Durante a Crise dos Iconoclastas, um pagão tentou destruir o ícone original.

História

O movimento dos hereges iconoclastas surgiu no século VIII sob influência do judaísmo e do islamismo, e combatia veementemente o uso das imagens sagradas por considerar que elas levavam à idolatria. O Concílio de Niceia veio acabar com essa falácia tempos depois, ao legitimar oficialmente a oração diante dos ícones que, afinal de contas, são sinais visíveis que representam os santos em belas obras de arte sacra e nos levam à uma contemplação sublime.

O quadro de Nossa Senhora Porta do Céu pertencia a uma viúva piedosa de Niceia, e o herege invadiu sua casa para destruí-lo a golpes de espada. Um dos golpes atingiu Nossa Senhora na face, de onde, imediatamente, jorrou sangue (como vemos na cicatriz que está representada do lado direito do rosto da Virgem Maria, na imagem). Assustado, o invasor fugiu, e a dona da casa, para proteger o ícone, jogou-o no Mar Egeu. A obra chegou milagrosamente na península do Monte Athos, flutuando nas águas, e foi recolhida por monges que a levaram ao mosteiro. No dia seguinte, o quadro foi encontrado na porta do mosteiro, e mais uma vez foi colocado na parte interna. Nos dias subsequentes aconteceu a mesma coisa. Então, os religiosos decidiram deixá-lo na porta, já que este parecia ser o desejo de Nossa Senhora. Logo eles construíram um pequeno santuário no local para abrigar a *Portaïtissa,* o ícone daquela que queria ser a porteira, a guardiã da porta.

Milagres

Em 21 de novembro de 1981, dia da Festa da Apresentação de Nossa Senhora no Templo, a imagem de uma réplica do ícone da Virgem Maria Porta do Céu que estava numa igreja de Montreal, Canadá, começou a derramar um bálsamo perfumado em abundância. Diz-se que uma das características desse bálsamo é dar às pessoas que são ungidas por ele o gosto pela oração[18]. Outra mensagem que muitos acreditam passar por meio dessa imagem de Maria é um convite às famílias e comunidades para serem também "portas do céu" para os seus familiares e irmãos de fé, além de abrirem o coração para experimentarem um ardor sempre novo pela verdadeira Igreja de Jesus Cristo.

Quanto à simbologia – A estrela simboliza o Espírito Santo. Jesus está no centro do ícone com a mão direita colocada no peito de Maria. Em nossas pesquisas sobre a interpretação desse sinal, compreendemos que isso significa que todas as graças que Jesus quer nos dar passam pelo Imaculado Coração de sua Mãe. Já a mão direita de Maria aponta para seu Filho, fonte de todas as graças.

São João de Ávila disse: "Se vemos uma bonita porta, bem edificada, muito rica, dizemos: 'Oh! Santo Deus, que valiosa porta! Quão bela deve ser a casa que tal porta tem!' E logo nos assalta o desejo de entrar e conhecer essa residência. Porta do Céu é Maria. Se à glória havemos de ir, por esta porta devemos entrar!"

Muitos são os testemunhos de graças alcançadas por Nossa Senhora Porta do Céu. Quantas almas não devem ter se confiado a ela e alcançado a coroa da justiça na pátria celeste!

Oração

Vinde Maria, chegou o momento, / valei-nos agora e em todo tormento. / Mãe da Providência, prestai-nos au-

---

18 Disponível em www.cruzterrasanta.com.br/historia-de-nossa-senhora-porta-do-ceu/489/102/

xílio, / no sofrimento da terra e no exílio. / Mostrai-nos que sois Mãe de amor e de bondade / agora que é grande a necessidade. Salve Rainha![19]

Nossa Senhora do Divino Pranto

Nossa Senhora apareceu pela primeira vez para a jovem Ir. Elizabeth Redaelli, desenganada pelos médicos, em 6 de janeiro de 1924. Ela pertencia à comunidade das Irmãs Marcelinas, em Cernusco (Itália), berço da Congregação. O médico que atendia a Ir. Elizabeth, Dr. Bino, proferiu seu diagnóstico definitivo nesse dia: "Nada mais posso fazer por ela. A medicina já não tem recursos neste caso". A religiosa era muito querida por todos; já estava cega, debilitada e sentia dores atrozes. E, vejam, mesmo nas horas de imensa dor, o sorriso não lhe saía dos lábios.

História
Às 22h, todas as religiosas do convento já estavam dormindo. Na enfermaria, Ir. Elizabeth respirava com muita dificuldade. De repente, ela começou a falar. As irmãs presentes escutaram atônitas o que ela dizia: "Oh! Como a Senhora é boa! Mas eu tenho uma dor tão grande que nem sei oferecer direito a Deus. Reze a Senhora que é tão boa!"

As religiosas ficaram atentas, mas não conseguiram ouvir nenhuma outra pessoa falando. No entanto, Elizabeth ouviu Maria: "Reza! Confia! Espera! Voltarei de 22 para 23". Em meio ao seu sofrimento, a irmã pensou na dor das

---

19 Oração final do Terço da Providência.

outras irmãs enfermas e fez um apelo: "Vá falar com Ir. Teresa, Ir. Amália e Ir. Elisa Antoniani, que há tantos anos estão doentes!" A bela Senhora sorriu e se foi.

Na manhã seguinte, as companheiras de quarto comentaram: "Ontem, à noite, Ir. Elizabeth não parava de falar enquanto sonhava". Ouvindo isso, ela respondeu: "Não sonhei, falei com aquela Senhora". As religiosas sorriram só para não deixar Elisabeth mais constrangida, mas ficaram preocupadas com a saúde mental dela.

A enfermeira enérgica do convento repreendeu Ir. Elizabeth, dizendo: "Que pode ter visto, você, que está cega há um ano? Você sonhou, e não invente tolices!"

A superiora, Ir. Ermínia Bussola, também tentou convencer Elisabeth de que se tratava apenas de um sonho: "Quero-lhe muito bem e não a engano. Repito que aqui em casa não veio ninguém de fora. Você sonhou". Depois que o fato extraordinário foi esclarecido, a pobre superiora se lamentou por sua incredulidade naquele momento.

Ir. Elizabeth, no entanto, ficou tranquila diante da desconfiança daquelas irmãs, agurando o dia do reencontro com Nossa Senhora, que ela pensava ser no dia 2 de fevereiro. Ela nem dormiu na véspera, passou a noite ouvindo o tic-tac do relógio. Mas a bela Senhora não veio. Na manhã do dia 3, Ir. Elizabeth mal conseguia disfarçar o choro. A superiora perguntou-lhe o que estava acontecendo. "A Senhora não veio... tinha dito do dia 2 para 3..."

A superiora ficou muito preocupada com a insistência de Elisabeth em achar que tinha visto e falado com alguém. Além disso, o estado de saúde física da irmã só piorava a cada dia, obrigando Ir. Ermínia a chamar novamente o médico. O parecer do Dr. Bino foi categórico: "A irmã tem poucas horas de vida".

Os dias foram se passando e, em 22 de fevereiro, na enfermaria, Ir. Gariboldi e outra religiosa estavam fazendo companhia à Ir. Elisabeth e rezando para pedir a misericórdia de Deus à agonizante. Pouco antes da meia-noite, a Ir. Elizabeth teve um sobressalto e desandou a gritar: "Oh! a Senhora, a Senhora!"

Ir. Gariboldi e a outra religiosa se ajoelharam pensando que, se fosse Nossa Senhora mesmo, levaria Ir. Elisabeth para o céu. Porém, logo em seguida, Ir. Elizabeth exclamou alegremente: "Oh! De 22 para 23? Pois eu havia entendido de 2 para 3. E era de 22 para 23!" De repente, Ir. Elizabeth sentou-se no leito e, com os olhos de espanto, exclamou: "Mas, a Senhora... é Nossa Senhora! É Nossa Senhora!" Ela viu que a Virgem trazia o Menino Jesus nos braços e que Ele estava chorando. "Chora por meus pecados? Chora porque não o amei bastante?" – As religiosas presentes nada ouviram, mas pressentiram que algo extraordinário estava ocorrendo.

A Virgem Mãe respondeu a Elizabeth: "O Menino chora porque não é bastante *amado, procurado, desejado*, também pelas pessoas que lhe são consagradas... Tu deves dizer isto!"

Milagres

Ir. Elizabeth ainda não entendia a missão que Nossa Senhora estava confiando a ela. "Oh! Nossa Senhora, leve-me ao paraíso!" Entretanto, Nossa Senhora lhe respondeu claramente: "Deverias ir, mas agora precisas ficar para dizer isto".

Finalmente, a jovem irmã compreendeu as palavras de Maria e pensou ser muito despreparada para isso, ficando assustada: "Nossa Senhora, sou a última de todas, não sei nada, nem consigo mais falar, quem acreditará em mim?" Nossa Senhora se inclinou e disse ao pé do ouvido da vidente: "Devolvo-te a saúde". Depois disso, desapareceu.

Nisso, no meio da noite, a superiora foi chamada apressadamente e acordou assustada pensando que Ir. Elisabeth havia morrido. No entanto, viu a doente cheia de vida dizer: "Nossa Senhora curou-me e mandou-me dizer que Jesus chora porque não é bastante *amado, procurado, desejado*, também pelas pessoas que lhe são consagradas!"

Depois disso, o médico que a acompanhou e a havia desenganado sempre afirmava: "A cura da Ir. Elizabeth não pode ser explicada pela medicina". Antes, ateu, Dr. Bino se converteu, tornando-se um católico fervoroso.

Mais tarde, quando foi concedida a aprovação para o culto a Nossa Senhora do Divino Pranto, foi feita uma imagem a partir da descrição da vidente. Quando lhe mostraram a obra, ela aprovou, mas disse: "Sim, era assim, mas não é bem como a que eu vi, pois ela era muito linda. Como era linda a minha Senhora!"

Ainda hoje, em Cernusco e em vários países, as Irmãs Marcelinas difundem esta devoção à Virgem Santíssima. Há muitas peregrinações ao local da aparição.

Então vamos *rezar, confiar e esperar; amar, procurar e desejar Nosso Senhor Jesus Cristo* em nossa vida cotidiana, conforme o pedido da Virgem Maria à jovem Ir. Elisabeth. Que Nossa Mãe Maria interceda por nós para que possamos dar a Jesus o amor com que Ele quer ser amado.

Testemunho

"Minha história mariana se iniciou com esta aparição de Nossa Mãe querida. Quando pequena, estudei no Colégio Santa Marcelina, em São Paulo, onde ganhei um quadrinho com a estampa de Nossa Senhora do Divino Pranto. Em muitos momentos difíceis de minha infância, quando minha amada irmã Fabiana enfrentava uma dolorosa enfermidade, amparei-me no colo de Maria, ao olhar e abraçar essa pequena imagem que sempre me acompanhava. Desde meus os 9 anos, quando minha mãe precisou se ausentar mais de casa para cuidar de minha irmã, Nossa Senhora esteve ao meu lado para me ajudar a superar os momentos de insegurança advindos daquela provação pela qual eu e minha família estávamos passando.

Assim, esta sublime aparição de nossa Mãezinha do céu, tão pouco conhecida, acompanha-me desde o começo de minha vida, e me é especialmente querida até hoje" (Tatiana Vianna Vendramim).

Oração
Ó Maria, como exultava o vosso espírito diante dos milagres realizados pelo vosso Filho! Concedei a graça [...] a esta pessoa, cujo bem tanto me interessa, e procurai desse modo novas delícias ao vosso espírito e novas glórias a Jesus.

Nossa Senhora Rosa Mística

Montichiari (Montes Claros) é uma cidade italiana da Região da Lombardia, Província da Bréscia. No subúrbio, mais precisamente no bairro pobre de Fontanelle, Nossa Senhora apareceu a Pierina Gilli a partir de 1947.

Pierina nasceu em uma família humilde de agricultores, em 1911. Ela se dedicou aos pais, ao trabalho e à oração, e não se queixava da pobreza e dos problemas de saúde. Depois da morte de seu pai, ela foi para o orfanato de Montichiari, administrado pelo convento das Servas da Caridade. Desde cedo, Pierina sentia sua vocação para a vida religiosa, mas sua saúde frágil adiou várias vezes esse desejo. Ela se tornou enfermeira e passou a trabalhar em um hospital da cidade.

Quando tinha cerca de 30 anos, a vida dessa pacata jovem foi transformada diante das aparições de Nossa Senhora, que, em Montichiari, quis ser chamada de Rosa Mística.

História

Pierina estava sozinha em uma sala do hospital em que trabalhava quando diante dela apareceu, de repente, uma bela mulher que "usava um vestido púrpura e um véu branco. Ela parecia muito triste e tinha os olhos marejados de lágrimas que caíam ao chão. Três grandes espadas lhe perfuravam o peito", conforme descreveu a vidente.

A Senhora disse apenas três palavras: "oração, penitência, reparação".

Em 13 de junho de 1947, um domingo, a Senhora voltou de manhã cedo. Desta vez, estava vestida de branco e, em vez das três espadas, trazia três rosas: uma branca, uma vermelha e uma amarela. Pierina pediu: "Diga-me quem é a senhora". Maria sorriu e disse: "Sou a Mãe de Jesus e a Mãe de todos vocês". Em seguida, deu várias instruções à enfermeira, inclusive a respeito de novas regras para ordens religiosas e sacerdotes.

Ela desejava que o dia 13 de cada mês fosse celebrado em honra à *Rosa Mística*, e disse que daria uma "superabundância de graças e grande santidade" a quem a reverenciasse nesse dia.

Nossa Senhora, então, explicou o significado das espadas que lhe atravessavam o peito na primeira aparição. A primeira espada era a perda da vocação de um sacerdote ou monge; a segunda espada era por causa dos sacerdotes, monges e freiras que viviam em pecado mortal; e a terceira espada se referia aos sacerdotes e monges que cometem a traição de Judas, abandonando sua vocação e se tornando inimigos da Igreja.

Depois, docemente, Maria explicou o significado das três rosas: a branca significava o espírito de oração; a vermelha, o espírito de reparação e sacrifício; e a amarela, o espírito de penitência.

A terceira aparição ocorreu em 22 de outubro de 1947, quando a Virgem Maria declarou: "Cansado das contínuas ofensas, meu divino Filho queria agir conforme sua justiça. Por isso, coloquei-me como medianeira entre Ele e a raça humana, em especial pelas almas consagradas".

A quarta aparição foi na Paróquia de Fontanelle, em 16 de novembro. Havia algumas pessoas presentes que viram Pierina entrar em êxtase. Nossa Senhora disse: "Nosso Senhor, meu divino Filho, está cansado das muitas ofensas, das graves ofensas, dos pecados contra a pureza. Peço ardentemente aos sacerdotes que advirtam o povo com amor, para que esses pecados não voltem a ser cometidos".

Depois disso houve mais três aparições.

Nesse ínterim, muita gente ficou sabendo do fato extraordinário em Montichiari. Uma família trouxe à igreja um menino de 5 anos que tinha poliomielite e não ficava de pé nem andava. Outra família trouxe a filha, mulher de 26 anos que desde os 12 sofria de tuberculose e não conseguia falar. Ambos foram curados no mesmo instante.

Em outra parte de Montichiari havia uma mulher de 36 anos que desde o nascimento tinha problemas mentais, não falava e não controlava as funções fisiológicas. O pai dela pediu a Nossa Senhora Rosa Mística que curasse sua filha. Ele teria dito: "Nossa querida Senhora, se estás realmente presente na Igreja de Montichiari, cure nossa pobre doente". No mesmo instante, em casa, a filha dele ficou completamente curada.

As curas milagrosas causaram comoção, mas o bispo da Diocese de Bréscia, Giacinto Tredici, ordenou a Pierina que parasse de falar sobre as visões e fosse trabalhar em um convento da Bréscia. Pierina obedeceu, e durante os 19 anos trabalhou como responsável pela limpeza da casa religiosa, sem ter novas visões de Nossa Senhora.

No entanto, em fevereiro de 1966, enquanto Pierina rezava no quarto, a Virgem Maria a visitou novamente. Ela disse que estaria de novo em Fontanelle no Domingo de Páscoa, 17 de abril daquele ano. Quando soube disso, o bispo proibiu Pierina de contar a alguém e de ir a Fontanelle. Mesmo assim, na Páscoa, Pierina foi a Fontanelle com uma amiga e acabou chegando a um velho poço que tinha uma escada de pedra. Foi no poço que a Senhora mais uma vez apareceu, ao meio-dia, hora do *Angelus*, dizendo: "Meu Filho é todo amor e enviou-me para conceder poder de cura a este poço. Como sinal de penitência e purificação, ajoelhe-se e beije este degrau de cima". Pierina obedeceu. "Desça alguns degraus, fique de joelhos e beije de novo o degrau". Pierina obedeceu. "Agora beije de novo os degraus e ponha um crucifixo aqui", apontando com a mão esquerda o lugar em que o crucifixo deveria ficar. E continuou: "Os doentes e todos os meus filhos devem primeiro pedir a meu Filho para perdoá-los e depois devem tirar e beber a água. Ponham lama ou sujeira nas mãos, depois lavem com a água! Isso é para mostrar que o pecado se transforma em lama e sujeira no coração de meus filhos; mas, purificadas na água da graça, as almas voltam a ser dignas da graça. Desejo que os doentes e todos os meus filhos venham a este poço. Você agora tem sua missão aqui entre os doentes e todos os que precisam de sua ajuda".

Pierina contou que Nossa Senhora elevou-se no ar, abriu os braços e o manto, "que ocuparam um espaço imenso do universo".

Na descrição de Pierina, no braço de Maria havia um rosário branco. Abaixo, do lado direito do manto, via-se a Igreja de Montichiari e o Castelo de Santa Maria, fortaleza construída na Idade Média em uma colina perto de Montichiari.

Apesar das advertências do bispo, pela Providência Divina, a notícia dessa aparição logo se espalhou, e multidões passaram a acorrer ao poço em busca de cura. Os milagres levaram à devoção a Nossa Senhora Rosa Mística, mesmo que extraoficialmente.

Na ocasião, o Castelo de Santa Maria estava à venda e já havia planos de transformá-lo em uma casa noturna. Esses planos foram frustrados quando o Mons. Luigi Novarese, fundador da Liga dos Sacerdotes Marianos e dos Irmãos e Irmãs dos Enfermos, comprou o castelo e o transformou em um hospital, com capela e uma residência para padres idosos e doentes. O bispo de Fátima, João Pereira Vencancio, foi convidado pelo pároco de Fontanelle para a inauguração, dando peso às aparições de Montichiari.

Pierina recebeu permissão eclesiástica para falar sobre as aparições de Nossa Senhora Rosa Mística, que continuou visitando a vidente pelo menos até 1976. Foram no mínimo 36 aparições.

Milagres

Em 20 de abril de 1969, Pierina Gilli declarou: "Nossa Senhora prometeu dar um sinal no céu para acelerar seu triunfo". O lugar onde o sinal se manifestaria seria a Igreja paroquial de Fontanelle. Naquele dia, muita gente chegou cedo para rezar lá. O tempo estava encoberto e fazia frio. Subitamente, às 16h, surgiu um espaço entre as nuvens, e o dia se fez noite. No céu escuro viam-se 12 estrelas que se formaram numa coroa. À distância, surgiu um disco que aumentava de tamanho e mudava de cor constantemente, rodopiando e parecendo cair sobre a terra. Todos ficaram amedrontados. No bairro inteiro, muita gente se ajoelhou para rezar.

Assim como o sol em Fátima, Portugal, a esfera começou a girar e se transformou numa enorme roda de fogo. O céu de Fontanelle ficou avermelhado. De repente, o sol voltou a brilhar com uma luminosidade intensa sobre as 12 estrelas e adquiriu formato de cruz por alguns instantes. O que se seguiu foi a dança do sol no céu da pequena Montichiari. O espetáculo semelhante ao de Fátima colocou a multidão em êxtase. Há informações de que na cidade de Lonato, a mais de 12km de Montichiari, muitos puderam ver os fenômenos celestes.

Conta-se que em 8 de dezembro de 1969 houve outra manifestação sobrenatural no céu testemunhada por uma multidão. Numa delas teria surgido uma figura geométrica que parecia um terço.

Os bispos de Bréscia, desde 1966, proibiram a devoção pública a Rosa Mística. No ano de 2001, no entanto, o novo bispo, Giulio Sanguineti, determinou a organização da dispensa dos sacramentos e do culto mariano em Fontanelle, estabelecendo um sacerdote responsável pelo atendimento daquela comunidade. Além disso, uma nova associação de fiéis – Rosa Mística Fontanelle – foi constituída para a promoção e divulgação da devoção a Nossa Senhora, na localidade de Fontanelle, sob orientação do bispo de Bréscia[20].

Oração

Nossa Senhora Rosa Mística também falou a Pierina sobre a *hora da graça*, quando prometeu trazer dos céus favores mais abundantes por sua onipotência suplicante. Para participar desse benefício o fiel precisa ter se confessado recentemente e deve rezar o Sl 50(51) (Salmo da misericórdia) três vezes com os braços estendidos para o céu, ao meio-dia. Aqui está a estrofe inicial desse Salmo: "Misericórdia, ó Deus, por tua bondade. Por tua imensa compaixão, apaga minha culpa, lava inteiramente meu delito e limpa meu pecado".

Nossa Senhora das Lágrimas de Siracusa

Em Siracusa, Região da Sicília, Itália, entre os dias 29 de agosto e 1º de setembro de 1953, uma pequena imagem de

---

20 Disponível em www.arquisp.org.br/liturgia/santo-do-dia/nossa-senhora-da-rosa-mistica

Nossa Senhora derramou lágrimas em abundância, fenômeno que pôde ser observado por muitas pessoas, religiosas e leigas.

História

No dia 29 de agosto de 1953, a jovem Antonina Iannuzo, depois de rezar diante de um pequeno busto do Imaculado Coração de Maria feito em gesso esmaltado, que ficava à cabeceira de sua cama, percebeu que nos olhos da Virgem Maria havia muitas lágrimas. A princípio, ela pensou que fosse uma ilusão, mas logo depois o seu marido, Ângelo, e alguns parentes puderam verificar o fato.

Quando o evento extraordinário aconteceu, Antonina esperava seu primeiro filho, enfrentando uma gravidez difícil e com recorrentes perdas de visão devido a problemas neurológicos. Naquele dia, sua visão havia desaparecido por completo e voltou ao normal somente às 20:30h. Foi naquele momento que Antonina, inesperadamente, viu as lágrimas banharem o rosto de Nossa Senhora na imagem.

Vamos conhecer melhor a imagem. A base do busto mede 23cm, e a altura 28cm; estava montada em um suporte de vidro opalino, representando Nossa Senhora mostrando o seu Coração Imaculado. A peça foi um presente recebido pelo jovem casal por ocasião do matrimônio, celebrado em 21 de março daquele mesmo ano.

Milagres

Depois que viu as lágrimas da Virgem Maria, a gravidez de Antonina transcorreu sem nenhum problema e seu filho nasceu saudável.

O fenômeno sobrenatural da lacrimação se repetiu pelo menos 58 vezes, e a notícia desse evento milagroso se espalhou rapidamente, tornando a casa da Família Iannuzo, na Rua Degli Orti, um destino de peregrinações incessantes. Devotos, e também curiosos, iam de toda parte da Europa para conhecer a pequenina imagem de Nossa Senhora que chorava.

As viagens de trem para a pacata Siracusa se multiplicaram, e as passagens de avião tinham que ser reservadas com semanas de antecedência. Além disso, famílias inteiras se dirigiam a Siracusa de carro, lotando as estradas. Apesar do calor abrasador do verão italiano, a multidão era imensa. Os doentes eram colocados numa praça, de modo que pudessem ver a *Madonnina* exposta em um nicho na sacada da casa dos Iannuzo.

Diariamente, padres e religiosos se revezavam para abençoar os objetos dos devotos com as lágrimas de Nossa Senhora. E se engana quem pensa que havia agitação no meio dos fiéis que se aglomeravam para participar daquele momento especialíssimo. Consta que o ambiente era totalmente seguro e sereno.

Muitos levavam lenços, outros tipos de tecido e algodão para embebê-los no precioso líquido das lágrimas da Virgem Maria na singela imagem.

Durante quatro dias, o pranto foi visível aos olhos extasiados de muitas pessoas que vinham de todas as partes do mundo. Cinegrafistas amadores gravaram várias cenas no local da lacrimação. As imagens obtidas foram reunidas e organizadas pelo Pontifício Instituto das Missões Exteriores.

O pároco de Siracusa, Giuseppe Bruno, com a permissão da Cúria Romana, formou o Comitê da Virgem que Chora, composto por autoridades civis e eclesiásticas, e submeteu o fenômeno à análise. A comissão confirmou trezentos casos de curas milagrosas.

Um dos milagres aconteceu ao operário Núnzio Vinci, de 49 anos, que sofria de uma artrite que o deformava, tendo voltado para casa completamente curado pelas lágrimas da imagem.

Os químicos Leopoldo La Rosa e Francisco Cotzia analisaram 1cm^3 das lágrimas de Nossa Senhora e concluíram: "O líquido revela a mesma composição e a mesma densidade das lágrimas humanas", declarando o fenômeno cientificamente inexplicável.

Após investigações e avaliações, os bispos da região da Sicília concluíram, por unanimidade, que se tratava de um fenômeno sobrenatural verdadeiro e autorizaram o culto a Nossa Senhora sob o título de Virgem das Lágrimas. Foi construída uma capela na praça de Siracusa, onde a imagem se encontra.

Em 1994, São João Paulo II consagrou o Santuário da Virgem das Lágrimas, que recebe milhões de peregrinos todos os anos. Na ocasião ele disse: "Os relatos evangélicos não recordam o pranto da Virgem. Não escutamos seu choro nem na noite de Belém, quando chegou a hora de dar à luz o Filho de Deus, nem no Gólgota, quando estava ao pé da cruz. Nem sequer sabemos de suas lágrimas de alegria, quando Cristo ressuscitou. Embora a Sagrada Escritura não faça alusão a esse fato, a instituição da fé fala em favor dele. Maria, que chora de tristeza ou de alegria, é a expressão da Igreja que se alegra na noite de Natal, sofre na Sexta-feira Santa ao pé da cruz e se alegra novamente na aurora da Ressurreição. São lágrimas de esperança que abrandam a dureza dos corações e os abrem ao encontro com Cristo redentor [...]. Virgem das Lágrimas, olhai com bondade materna a dor do mundo. Enxugai as lágrimas dos que sofrem, dos abandonados, dos desesperados e das vítimas de toda violência. Alcançai a todos nós lágrimas de arrependimento e vida nova que abram os corações ao dom regenerador do amor de Deus. Alcançai-nos lágrimas de alegria, depois de ter visto a profunda ternura de vosso coração".

No relicário de Nossa Senhora de Siracusa estão as lágrimas, bem como os panos utilizados pela comissão científica para verificar a autenticidade dos fatos.

Oração

Comovido(a) com o prodígio do derramamento de vossas lágrimas, ó misericordiosíssima Virgem de Siracusa, venho hoje prostrar-me a vossos pés, e animado com uma confiança por tantas graças que tendes concedido, venho a vós, oh Mãe de Clemência e de piedade, para abrir-vos meu coração, para alojar em vosso doce coração de Mãe todas as minhas penas, para unir minhas lágrimas às vossas: as lágrimas da dor por meus pecados e as lágrimas das dores que me afligem. Olhai-as, ó Mãe querida, com rosto benigno e com olhos de misericórdia, e pelo amor que tendes a Jesus, dignai-vos consolar-me e escutar-me. Por vossas santas e inocentes lágrimas, dignai-vos conseguir-me de vosso divino Filho o perdão de meus pecados, uma fé viva e ardente e a graça que agora vos peço. Ó Mãe minha e esperança minha, em vosso Coração Imaculado e dolorido ponho toda minha confiança. Coração Imaculado e dolorido de Maria, tende compaixão de mim.

Rezar 1 Salve-Rainha.

Nossa Senhora de Akita

A população que se declara católica no Japão é ínfima: cerca de 0,42%; portanto, é quase um ato heroico ser cristão naquele país. E foi justamente nessa nação, mais precisamente em Yuzawadai, cidade da Província de Akita, que Nossa Senhora apareceu à Ir. Agnes Sasagawa Katsuko em 6 de julho de 1972, no Instituto das Servas da Santíssima Eucaristia.

História
Em abril de 1972, as religiosas do Instituto das Servas da Santíssima Eucaristia pediram para o artesão Saburo

Wakasa esculpir uma imagem, em madeira, de Nossa Senhora de Todos os Povos (Holanda). Saburo dedicou-se ao trabalho com todo seu amor, e qual não foi seu espanto ao ver que, inexplicavelmente, o rosto que ele havia esculpido com traços ocidentais tinha se modificado e transfigurado na fisionomia de uma mulher oriental! O artista resolveu entregar a imagem de aproximadamente um metro de altura às irmãs, que a colocaram ao lado do sacrário.

Agnes era surda e sempre sofreu muito com problemas de saúde, tendo ficado acamada por mais de dez anos. Ela ficou curada depois de beber da água milagrosa do Santuário de Nossa Senhora de Lourdes. Em 1973, depois de sua melhora e já com 42 anos de idade, Agnes se tornou freira e ingressou no Instituto das Servas da Eucaristia. Como era muito doente, passava horas rezando diante do sacrário e da imagem de Nossa Senhora de Todos os Povos. No dia 12 de junho de 1973, durante a oração, Agnes viu raios luminosos vindos do sacrário, fato que se repetiu por mais dois dias. Em 28 de junho, apareceu na palma de sua mão esquerda uma chaga em forma de cruz, uma ferida que sangrava abundantemente e causava-lhe muita dor.

Em 6 de julho, Nossa Senhora falou com Agnes pela primeira vez. Mesmo sendo surda, ela ouviu uma voz doce e melodiosa vinda da imagem de madeira. A voz dizia: "Minha filha, minha noviça, você tem me obedecido bem, abandonando tudo para me seguir. A doença em seus ouvidos é dolorosa? Sua surdez será curada, tenha certeza. A ferida em sua mão lhe causa sofrimento? Reze em reparação pelos pecados dos homens. Cada pessoa nesta comunidade é minha filha insubstituível. Você reza direito a prece das Servas da Eucaristia? Vamos rezá-la juntas. Reze muito pelo papa, pelos bispos e pelos sacerdotes. Desde o seu batismo você tem sempre rezado fielmente por eles. Continue a rezar muito, muito! Diga ao seu superior tudo que se passou hoje e obedeça-o em tudo que ele lhe disser".

Naquele mesmo dia, uma chaga igual à de Agnes apareceu na mão direita da imagem de madeira, e o sangue começou a escorrer.

No dia 26 de julho, o sangue brotou da estátua de Maria e as dores de Agnes ficaram quase insuportáveis.

Milagres

Em 27 julho, um anjo disse à Ir. Agnes: "As tuas dores terminarão hoje. O derramamento de sangue de Maria é para obter a vossa conversão; para implorar a paz; para reparar as ingratidões e injúrias feitas a Deus. Reza em reparação por todos os homens". Em 3 de agosto de 1973, Nossa Senhora disse a Agnes: "Minha filha, minha noviça, você ama o Senhor? Se você ama o Senhor, ouça o que eu tenho a lhe dizer. Muitos homens neste mundo afligem o Senhor. Eu desejo almas para consolá-lo, para aliviar a ira do Divino Pai. Eu desejo, com meu Filho, almas que reparem os pecados, através de seu sofrimento e de sua pobreza, pelos pecadores e ingratos. De modo que o mundo possa conhecer sua ira, o Pai Celeste prepara um grande castigo para infligir a toda a humanidade. Oração, penitência e sacrifícios corajosos podem aliviar a ira do Pai. Eu desejo isto também para a sua comunidade... que ela ame a pobreza, que ela se santifique e reze em reparação pelas ingratidões e ultrajes de tantos homens. Recitem a oração das Servas da Eucaristia com consciência do seu significado; coloquem-na em prática... Almas que desejam orar já estão a caminho de serem reunidas... sejam fiéis e fervorosas na oração para consolar o Mestre".

No dia 29 de setembro, a imagem de Maria irradiou raios luminosos e a chaga da Ir. Agnes desapareceu totalmente. À noite, a imagem foi inundada de luz e o sangue jorrou dos seus pés; fato testemunhado por todas as religiosas.

Depois, apareceu uma espécie de suor em todo o corpo da imagem, principalmente na testa e pescoço e, ao mesmo tempo, a capela ficou repleta de um perfume maravilhoso, que permaneceu durante os primeiros 15 dias do mês de outubro, mês do Santo Rosário.

Em 13 de outubro, outra mensagem: "Minha querida filha, como eu lhe disse, se os homens não se arrependerem e melhorarem, o Pai irá infligir uma terrível punição a toda a humanidade. Será uma punição maior do que o dilúvio, tal como nunca se viu antes. Fogo irá cair do céu e eliminará uma grande parte da humanidade; os bons, assim como os maus, sem poupar nem sacerdotes nem fiéis. As únicas armas que irão restar para vocês serão o rosário e o sinal deixado pelo meu Filho. Recitem todos os dias as orações do rosário... A obra do maligno vai infiltrar-se até mesmo dentro da Igreja. O demônio vai ser especialmente implacável contra as almas consagradas a Deus. O pensamento da perda de tantas almas é a causa de minha tristeza. Se os pecados aumentarem em número e gravidade não haverá mais perdão para eles... Aqueles que colocarem sua confiança em mim serão salvos".

Em 13 outubro 1974, durante a bênção do Santíssimo Sacramento, a Ir. Agnes foi repentinamente curada da surdez. Em 4 de janeiro de 1975, a imagem de Maria começou a chorar, fenômeno que aconteceu com intervalos até 15 de setembro de 1981, Dia de Nossa Senhora das Dores. A Virgem de Akita chorou 101 vezes. Amostras do sangue, do suor e das lágrimas que emanavam da escultura foram examinadas e se chegou à conclusão de que as lágrimas eram humanas e o sangue pertencia ao grupo sanguíneo O.

Após as investigações em que foram ouvidas mais de 500 pessoas, incluindo não cristãos, e de consultas ao Vaticano, o

Bispo John Shojiro Ito declarou que os eventos de Akita são de origem sobrenatural e autorizou a veneração da Virgem de Akita em abril de 1984. Em 1988, o então Cardeal Joseph Ratzinger, prefeito da Congregação para a Doutrina da Fé, proferiu julgamento definitivo sobre os eventos e mensagens de Akita como confiáveis e dignos de fé.

Agnes relatou que em 6 de outubro de 2019, um anjo apareceu a ela e disse: "É bom que diga a todos: cubram-se de cinzas e rezem o rosário, penitentes, todos os dias. E você tem de se tornar uma menina e oferecer sacrifícios todos os dias".

A freira ficou em dúvida se deveria divulgar a mensagem, e pediu um sinal dos céus. Dois dias depois, a liturgia da missa trazia a leitura da profecia de Jonas, que advertira os habitantes de Nínive sobre a ira de Deus. Eles fizeram penitência, sendo salvos.

Agnes considerou que a mensagem revelada pelo Anjo não contrariava a Palavra de Deus e resolveu falar ao mundo sobre aquela aparição, que foi amplamente divulgada pela mídia.

Oração

Sacratíssimo Coração de Jesus, verdadeiramente presente na Sagrada Eucaristia, eu consagro meu corpo e minha alma para ser inteiramente uma com vosso Coração, sendo sacrificado a cada instante em todos os altares do mundo e dando louvor ao Pai, implorando pela vinda do seu Reino. Por favor, receba este humilde oferecimento de mim mesma(o). Usai-me como vós desejais para a glória do Pai e a salvação das almas. Santíssima Mãe de Deus, nunca me deixe ficar separada(o) de vosso divino Filho. Por favor, defendei-me protegei-me como vossa(o) especial filha(o). Amém!

Nossa Senhora das Dores de Kibeho

Nossa Senhora das Dores apareceu a três jovens, Afonsina Mumureke, Natália Mukamazimpaka e Maria Clara Mukangango, entre 1981 e 1982, em Kibeho (Quibeo), região pobre de Ruanda, na África. Foi a primeira aparição da Virgem Maria no continente africano reconhecida por autoridades da Igreja Católica.

A cidade de Kibeho ficou conhecida pelo massacre ocorrido durante a Guerra Civil em Ruanda, em 1994. Muitos veem a aparição da Virgem Maria como um alerta sobre os horrores do conflito civil que se aproximava.

História

No início dos anos de 1980, o vandalismo era descomunal por todo o país por causa da crescente tensão entre os grupos tutsis e hutus, que protagonizavam divisões locais, políticas e étnicas. Quase todas as imagens da Virgem Maria que estavam na entrada das aldeias foram destruídas ou roubadas. Foi um período de descaso com Nossa Senhora, no qual nem mesmo os sacerdotes rezavam o rosário. Isso tudo acontecia porque falsos teólogos propagavam que essa devoção estava ultrapassada. Os católicos eram humilhados; os padres se sentiam enfraquecidos para conduzir os fiéis.

Nesse cenário nefasto, a Mãe de Deus visita Ruanda, mais precisamente Kibeho, onde dois padres muito piedosos e ativos tinham conseguido manter o fervor dos católicos. Havia na cidade um colégio fundado e dirigido por três freiras, onde jovens ruandesas estudavam para serem secretárias ou professoras primárias. Como não se tratava de um colégio para formação de religiosas, ali não se vivia um clima de devoção e não havia sequer uma capela em suas dependências. Podemos entender aí o fundamento das aparições de Maria que, pressurosa, sempre vem em socorro de seus filhos e filhas.

Afonsina tinha 17 anos na época das aparições. Às 12:35h do dia 28 de novembro de 1981, um sábado, no refeitório dessa escola religiosa ela ouve uma voz: "Minha filha!" A adolescente disse: "Estou aqui".

Afonsina conta os detalhes: "Eu fui para o corredor e vi uma Senhora muito bonita. Ajoelhei-me, fiz o sinal da cruz e perguntei: 'Quem sois?' A Virgem Maria disse em dialeto ruandês: 'Eu sou a Mãe do Verbo. Na religião o que proferes?' Eu disse: 'Eu amo a Deus e a sua Mãe, que nos deu um Filho que nos redimiu'. A Virgem Maria respondeu: 'Se é assim, eu vim para te acalmar, porque ouvi as tuas preces. Eu gostaria que os teus amigos tivessem fé, porque eles não acreditam com força suficiente'. 'Mãe do Salvador, se sois realmente vós que nos viestes dizer que temos pouca fé, vós nos amais. Eu estou realmente cheia de alegria que vós me tenhais aparecido'".

Afonsina ainda relata: "A Virgem não era branca como ela é geralmente vista nas imagens sagradas. Eu não poderia determinar a cor da sua pele, mas era de uma beleza incomparável. Ela estava descalça e tinha um vestido branco sem costura e um véu na cabeça. Suas mãos estavam entrelaçadas sobre o peito e seus dedos apontados para o céu. Quando a Santíssima Virgem estava prestes a partir, eu rezei três Ave-Marias e a oração 'Vem, Espírito Santo'. Quando ela partiu, eu vi a sua ascensão ao céu como Jesus o fizera".

As testemunhas do episódio ouviram a vidente falar em francês, inglês, kinyarwanda e outras línguas desconhecidas. Todos disseram que no final da aparição a vidente permaneceu imóvel durante 15min, como se estivesse paralisada, e todos os esforços para tirá-la do êxtase foram em vão. Nem os professores nem as freiras deram crédito às palavras de Afonsina. Em vez disso, disseram que ela estava doente.

O fenômeno ocorreu novamente no dia seguinte, e, em dezembro, as aparições ocorreram quase todos os sábados. Incrédulos, colegas e professores da menina quiseram testá-la e a queimaram com um fósforo durante um dos êxtases. Eles também a picaram com um alfinete, mas a vidente continuava impassível.

Diante da zombaria de muitos maldosos, Afonsina fez uma queixa à Virgem Maria em uma aparição, pedindo para que ela se manifestasse para outras colegas da escola. Nossa Senhora a ouviu. Natália, de 17 anos, e Maria Clara, de 21, começaram a vê-la também. Maria Clara era a mais incrédula. As aparições se manifestavam de duas maneiras: públicas, no pátio da escola, e privadas, reservadas somente às videntes, no dormitório. Durante os êxtases, as videntes tinham fortes quedas bruscas, falavam bastante, cantavam, faziam orações de intercessão e abençoavam especialmente a água que era apresentada a elas. A Quaresma de 1983 foi marcada pelo jejum extraordinário das adolescentes, que foi acompanhado de perto por uma equipe de médicos da Universidade Nacional de Ruanda.

Afonsina disse ter feito, em 20 e 21 de março de 1982, uma viagem mística de 18h com a Virgem Maria. Ela disse ter ido a outro mundo. Em sua descrição, muitos entenderam que ela viu realidades como o inferno, o purgatório e o céu, mas com um vocabulário muito diferente do utilizado no Catecismo da Igreja Católica. Antes da viagem sobrenatural, Afonsina informou à irmã diretora e às suas colegas que ela iria parecer morta, mas que elas não tivessem medo nem a enterrassem. Sacerdotes, enfermeiros, religiosos e o assistente médico da Cruz Vermelha puderam ver Afonsina mergulhada em um sono profundo, o corpo arrepiado e muito pesado. Eles não conseguiam levantá-la nem separar suas mãos, que estavam unidas.

Natália teve uma experiência semelhante em 30 de outubro de 1982, que foi observada de perto por uma equipe da comissão teológica formada pelo bispo diocesano. Somente depois que as três meninas relataram encontros com Nossa Senhora é que as aparições foram entendidas por leigos e religiosos como autênticas.

Em suas comunicações, Nossa Senhora pediu a verdadeira conversão dos cristãos por meio de muita oração, penitência e jejum.

Natália contou que Maria pediu para que ela rezasse o rosário com grande devoção e que, quando ela começou a recitá-lo noite após noite, era atacada por um leopardo, que parecia pular sobre ela, jogá-la no chão, ferindo o seu braço; fato que ela ocultou dos pais. Mas isso não a assustou, não a impediu de rezar um rosário inteiro andando por cerca de uma hora em meio à floresta. A vidente afirma que Nossa Senhora a ensinou a ser persistente na oração, apesar dos obstáculos do mal.

Em 2 de abril de 1982, nossa Mãe do céu disse a Maria Clara: "Arrependei-vos! Arrependei-vos! Arrependei-vos! Quando falo contigo, não estou me dirigindo só a ti. Mas estou fazendo um apelo a todo o mundo. Os homens do nosso tempo esvaziaram tudo do seu verdadeiro significado: aquele que comete uma falta não reconhece que agiu errado". Maria Clara: "Nós somos fracos, sem força. Dá-nos a força para reconhecer nossas faltas e pedir perdão por elas".

Em 31 de maio de 1982, a Virgem Maria pediu a oração diária do rosário e a recitação do terço das Sete Dores de Nossa Senhora, que havia caído no esquecimento. "Se vós recitardes este terço, meditando-o, então vós ireis ter as forças para vos arrependerdes. Hoje, muitas pessoas não sabem mais como pedir perdão. Pregam novamente o Filho de Deus na cruz".

A respeito dessa mensagem de Nossa Senhora, Natália disse: "Nossa Senhora me ensinou a rezar com a coroa do

Terço das Sete Dores porque dizia que estava por vir uma tragédia em Ruanda. Nossa Senhora nos pediu para mudarmos nosso estilo de vida, amarmos os sacramentos, fazermos penitências, rezarmos incessantemente o Terço das Sete Dores pela conversão daqueles que se afastaram de Deus; e de sermos humildes, pedindo perdão e perdoando".

Segundo as jovens, em 15 de agosto de 1982, Nossa Senhora apareceu triste, contrariada, verdadeiramente aborrecida. Afonsina contou que a Santíssima Virgem chorava. As três jovens foram vistas tremendo, batendo os dentes e caindo por terra como mortas. Disseram ter visto "um rio de sangue, pessoas que se matavam, cadáveres abandonados sem alguém que os enterrasse, uma árvore toda em fogo, um abismo imenso, um monstro, cabeças decapitadas". Contaram que as cenas enchiam de dor o Imaculado Coração de Maria.

Nesse dia, milhares de pessoas estiveram presentes no local da aparição. Todas saíram com uma sensação de medo e tristeza. As imagens foram interpretadas como a prefiguração do genocídio ruandês de 1994. Entre abril e julho daquele ano, ocorreu uma onda de massacres. Em Ruanda, onde quase metade da população se declarava católica, foi sendo cultivado o ódio entre as duas etnias principais do país. Aldeias inteiras foram dizimadas. Tantos corpos foram lançados no Rio Kagera, que este ficou conhecido como o *rio de sangue*. Até então, as igrejas haviam sido refúgios respeitados, mas, desta vez, isto não aconteceu. O próprio santuário edificado em Kibeho, repleto de refugiados, aproximadamente 4 mil pessoas, foi cercado pelos milicianos hutus, que lançaram granadas dentro do templo, mataram os sobreviventes a machadadas e queimaram o edifício sagrado. A vidente Maria Clara foi morta com o marido durante o massacre. Fala-se em 800 mil mortos.

Depois de vários anos de estudos por parte da comissão médica e teológica convocada pelo bispo de Gikongoro, no final de junho de 2001, as aparições foram reconhecidas oficialmente pela autoridade eclesiástica local. Em 31 de maio de 2003, durante a missa de consagração do Santuário à Nossa Senhora das Dores de Kibeho, com a presença do prefeito da Congregação para a Evangelização dos Povos, enviado pelo papa, e diante de todos os bispos de Ruanda e da multidão de fiéis, repetiu-se o fenômeno da dança do sol, como em Fátima (Portugal). O evento durou 8min, sendo filmado e fotografado por cinegrafistas profissionais e amadores.

Informado sobre o milagre, e depois de analisar a documentação, o então Papa João Paulo II declarou: "Nossa Senhora das Dores de Kibeho é a Fátima do coração da África".

Milagres

Houve uma onda de conversões e orações comunitárias depois das aparições em Ruanda. "A Virgem Maria chamou especialmente os seus consagrados e a juventude, esses pobres jovens dos nossos tempos, que vão para as escolas e que ficam não só sem Deus, mas contra Deus!"[21], disseram os responsáveis pela comunicação do Santuário de Kibeho.

Afonsina tornou-se freira, Maria Clara morreu durante a Guerra Civil e Natália começou a trabalhar no Santuário de Nossa Senhora das Dores de Kibeho. Em 15 de maio de 1982, Nossa Senhora falou às videntes sobre o papel da cruz na vida dos cristãos. "Ninguém chegará ao céu sem sofrimento. Um filho de Maria não rejeita o sofrimento".

Oração
Terço das Sete Dores de Nossa Senhora
Oração inicial: Ó Deus e Senhor meu, eu vos ofereço este terço para a vossa glória, para que sirva à honra de

---

21 Disponível em www.amen-etm.org/Kibeho.htm

vossa Santa Mãe, a Virgem Maria, e para que eu a possa compartilhar e meditar os vossos sofrimentos. Humildemente eu vos peço: concedei-me o arrependimento verdadeiro de meus pecados e dai-me a sabedoria e a humildade necessárias para que eu receba todas as indulgências concedidas por estas orações.

Ato de contrição: Senhor meu, Jesus Cristo, Deus e homem verdadeiro, criador e redentor meu, por serdes vós quem sois, sumamente bom e digno de ser amado sobre todas as coisas, e porque vos amo e estimo, pesa-me, Senhor, de todo o meu coração, de vos haver ofendido; pesa-me também ter perdido o céu e merecido o inferno; e proponho firmemente, ajudado com o auxílio da vossa divina graça, emendar-me e nunca mais vos tornar a ofender. Espero alcançar o perdão de minhas culpas pela vossa infinita misericórdia.

Rezam-se 3 Ave-Marias.

Mistério da primeira dor de Maria: a profecia de Simeão
Jaculatória: Ó Mãe de Misericórdia, lembrai-nos sempre das dores de vosso Filho, Jesus Cristo.

De vós me compadeço, ó Mãe Dolorosa, pela dor que o vosso terno coração sentiu com a profecia do velho santo Simeão. Ó Mãe querida, pelo vosso tão aflito coração, concedei-me a virtude da humildade e o dom salutar do temor de Deus. Amém.

Rezam-se 1 Pai-nosso e 7 Ave-Marias.

Mistério da segunda dor de Maria: a fuga para o Egito
Jaculatória: Ó Mãe de Misericórdia, lembrai-nos sempre das dores de vosso Filho, Jesus Cristo.

De vós me compadeço, ó Mãe Dolorosa, pela angústia que o vosso sensibilíssimo coração experimentou com a fuga para o Egito e a permanência naquela terra estranha.

Mãe querida, pelo vosso coração tão angustiado, alcançai-me a virtude da liberalidade, especialmente com os pobres, e o dom da piedade. Amém.

Rezam-se 1 Pai-nosso e 7 Ave-Marias.

Mistério da terceira dor de Maria: a perda de Jesus no Templo
Jaculatória: Ó Mãe de Misericórdia, lembrai-nos sempre das dores de vosso Filho, Jesus Cristo.

De vós me compadeço, ó Mãe Dolorosa, pela tristeza e inquietação que o vosso coração sofreu com a perda do vosso amado Jesus. Mãe querida, pelo vosso coração tão vivamente agitado, alcançai-me a virtude da castidade e o dom da ciência. Amém.

Rezam-se 1 Pai-nosso e 7 Ave-Marias.

Mistério da quarta dor de Maria: o encontro com Jesus a caminho do Calvário
Jaculatória: Ó Mãe de Misericórdia, lembrai-nos sempre das dores de vosso Filho, Jesus Cristo.

De vós me compadeço, ó Mãe Dolorosa, pela consternação que do vosso maternal coração se apoderou quando encontrastes Jesus com a pesada cruz a caminho do Calvário. Mãe querida, pelo vosso coração tão duramente provado, alcançai-me a virtude da paciência e o dom da fortaleza. Amém.

Rezam-se 1 Pai-nosso e 7 Ave-Marias.

Mistério da quinta dor de Maria: aos pés da cruz
Jaculatória: Ó Mãe de Misericórdia, lembrai-nos sempre das dores de vosso Filho, Jesus Cristo.

De vós me compadeço, ó Mãe Dolorosa, pelo martírio que o vosso generosíssimo coração padeceu, assistindo à agonia de Jesus. Mãe querida, pelo vosso tão martirizado coração, alcançai-me a virtude da temperança e o dom do conselho. Amém.

Rezam-se 1 Pai-nosso e 7 Ave-Marias.

Mistério da sexta dor de Maria: a Virgem Dolorosa recebe o corpo de Jesus em seus braços
Jaculatória: Ó Mãe de Misericórdia, lembrai-nos sempre das dores de vosso Filho, Jesus Cristo.

De vós me compadeço, ó Mãe Dolorosa, pela ferida que abriu no vosso piedosíssimo coração a lança que rasgou o lado de Jesus e feriu o seu amabilíssimo coração. Mãe querida, pelo vosso coração assim trespassado, alcançai-me a virtude da caridade fraterna e o dom do entendimento. Amém.

Rezam-se 1 Pai-nosso e 7 Ave-Marias.

Mistério da sétima dor de Maria: Jesus é sepultado
Jaculatória: Ó Mãe de Misericórdia, lembrai-nos sempre das dores de vosso Filho, Jesus Cristo.

De vós me compadeço, ó Mãe Dolorosa, pela dor intensa que amargurou o vosso amantíssimo coração na sepultura de Jesus. Mãe querida, pelo vosso imaculado coração, amargurado ao extremo, alcançai-me a virtude da diligência e o dom da sabedoria. Amém.

Rezam-se 1 Pai-nosso e 7 Ave-Marias.

Jaculatória: Ó Mãe de Misericórdia, lembrai-nos sempre das dores de vosso Filho, Jesus Cristo.

Oração Final: Ó Rainha dos Mártires, vosso coração muito sofreu. Eu vos imploro pelo mérito das lágrimas que chorastes durante esses períodos tristes e terríveis, que concedais a mim e a todos os pecadores do mundo a graça de nos arrependermos sincera e verdadeiramente. Amém.

Rezam-se 3 vezes a jaculatória a seguir:

Ó Maria, que foi concebida sem pecado e sofreu por todos nós, igualmente rogai por nós!

Datas festivas

Nossa Senhora do Pilar – 12 de outubro
Nossa Senhora do Santo Cinto – 15 de agosto
Nossa Senhora do Rosário – 7 de outubro
Nossa Senhora da Cabeça – 1º de agosto
Nossa Senhora do Carmo – 16 de julho
Nossa Senhora de Loreto – 10 de dezembro
Nossa Senhora de Caravaggio – 26 de maio
Nossa Senhora da Penha – 8 de setembro
Nossa Senhora do Bom Conselho – 26 de abril
Nossa Senhora do Perpétuo Socorro – 27 de junho
Nossa Senhora de Guadalupe – 12 de dezembro
Nossa Senhora de Šiluva – 8 de setembro
Nossa Senhora de Nazaré – 8 de setembro
Nossa Senhora de Laus – 1º de maio
Nossa Senhora Desatadora dos Nós – 15 de agosto
Nossa Senhora Aparecida – 12 de outubro
Nossa Senhora das Graças – 27 de novembro
Nossa Senhora de Sion – 20 de janeiro
Nossa Senhora da Salette – 19 de setembro
Nossa Senhora de Lourdes – 11 de fevereiro
Nossa Senhora da Esperança – 15 de agosto
Nossa Senhora de Gietrzwald – 8 de setembro
Nossa Senhora de Schoenstatt –18 de outubro
Nossa Senhor de Fátima – 13 de maio
Nossa Senhora Porta do Céu – 21 de novembro
Nossa Senhora do Divino Pranto – 23 de fevereiro
Nossa Senhora Rosa Mística – 13 de julho
Nossa Senhora das Lágrimas de Siracusa – 29 de agosto
Nossa Senhora das Dores de Kibeho – 31 de maio

Referências

As pesquisas para a realização deste livro foram feitas a partir de material de domínio público da internet, tendo como fontes especialmente as informações oficiais encontradas no portal do Vaticano (www.vatican.va), nos sites oficiais dos santuários de Nossa Senhora, no portal de mariologia do Prof. Antonino Grasso (www.latheotokos.it • um dos mais completos da Itália e que traz *aparições marianas*, acompanhadas do julgamento da Igreja), no site www.avvenire.it e em sites católicos brasileiros, como o portal do Santuário de Nossa Senhora Aparecida (www.a12.com).

Bibliografia

CAUJOLLE, M. *Lourdes*: descobrir. [S. l.]: MSM, 2013.

CUNHA, L.; CASA MÃE DAS FILHAS DA CARIDADE DE SÃO VICENTE DE PAULO. *Um raio de luz para a terra – A mensagem de Maria a Santa Catarina Labouré, rua du Bac.* [s.l.]: Du Signe, 1997.

Nossa Senhora do Divino Pranto – Material vocacional publicado pelas Irmãs Marcelinas. São Paulo: [s.n.], 2006.

Sites recomendados

www.cultodivino.va/content/cultodivino/it.html

www.marianum.it

www.pastorinhos.com/fundacao/edicoes/memorias-i (Neste *link* é possível baixar gratuitamente o livro *Memórias*, da Irmã Lúcia.)

www.vatican.va/content/vatican/it.html
www.vatican.va/roman_curia/congregations/cfaith
www.salvatoreperrella.it *(Site Madre Del Signore)*

Agradecimentos

Nós (Solange, Tatiana e Even) agradecemos, em primeiro lugar, a Jesus e a Nossa Senhora pela realização desta obra, manifestando nosso carinho ao Pe. Enio, que abraçou nossa ideia e a apresentou à Editora Vozes.

Igualmente devemos nossa gratidão à Congregação para as Causas dos Santos, que nos indicou várias fontes fidedignas de pesquisa. Também ao professor de Dogmática e Mariologia na PFT Marianum em Roma, Salvatore M. Perrella: sacerdote da Ordem dos Servos de Maria que, entre tantas outras obras, publicou o *Dicionário de Mariologia*, juntamente com o Prof. Stefano de Fiores e a teóloga suíça Valeria Ferrari Schiefer; fez parte, como teólogo perito, da Comissão Internacional do Vaticano para o discernimento eclesial do Caso Medjugorje, sendo membro do Conselho Diretivo da Pontifícia Academia Mariana Internationalis (PAMI, Cidade do Vaticano) e da Associação Mariológica Interdisciplinar Italiana (AMI, Roma), da qual é presidente. Chegamos ao Prof. Salvatore por indicação da direção do site Avvenire. it, à qual também agradecemos a atenção.

Nossos agradecimentos vão ainda para o professor de História, Filosofia e Ensino Religioso, Raphael Tonon, que enriqueceu nosso texto sobre a história de Nossa Senhora Aparecida com seus conhecimentos abrangentes, e para a querida jornalista Anna Ferreira, correspondente internacional em Roma, que acompanha o cotidiano do Papa Francisco e que, com sua generosa solicitude, indicou-nos o caminho certeiro para encontrarmos os documentos do Vaticano sobre o discernimento das aparições marianas.

Manifestamos nossa gratidão também às queridas irmãs do Santuário de Schoenstatt em Atibaia (SP), na pessoa da Ir. Ana Maria e Ir. Ana Paula, pela maravilhosa ajuda na realização do texto sobre a Mãe, Rainha e Vencedora Três Vezes Admirável de Schoenstatt e pela autorização para usarmos a bela Oração da confiança, composta pelo amado Pe. José Kentenich.

E por fim, mas não por último, eu, Even, agradeço de coração a minha madrinha no Terço da Quarentena, Andreia Manzaro, além, é claro, das minhas irmãs de fé Solange Garcia e Tatiana Vendramim, que me incluíram neste projeto de Maria.

Os autores

Pe. Enio Marcos de Oliveira – Sou devoto de Nossa Senhora. Nascido em Rio Pomba (MG), sou filho de um ferreiro, João Luiz de Oliveira (Doca), que me moldou o coração na bigorna e no fogo, e de uma dona de casa, Geralda Reis de Oliveira, que me bordou a alma com poesia. Sou sacerdote pela Diocese de Leopoldina, onde exerci meu ministério nas cidades de Santana de Cataguases, Itamarati de Minas, Cataguases, Além Paraíba, e pároco na Paróquia de São Sebastião, na cidade de Rodeiro. Sou autor de vários livros pela Editora Vozes; entre eles: *Mateus – Parábolas de amor infinito*. Sou doutor em Ciência da Religião pela Universidade Federal de Juiz de Fora, com sanduíche no Instituto de Estudos Ecumênicos São Bernardino (Veneza, Itália), como bolsista da Capes.

Solange Aparecida Garcia de Andrade – Sou devota de Nossa Senhora desde a infância e agradeço a Deus por ter aprendido com minhas avós a participar sempre da missa: aos domingos, ia com minha avó materna e minhas tias, e, às terças-feiras, minha avó paterna me levava à Bênção dos Pães, às 15h, na Catedral de Santo Antônio, padroeiro de Osasco, cidade onde nasci e que mantém a forte devoção a este santo querido, com grandes e inesquecíveis comemorações em 13 de junho. Sou química, cosmetóloga e perita. Trabalhei em diversas empresas do ramo cosmético e hoje tenho uma empresa de consultoria na área de desenvolvimento de produtos cosméticos capilares; dou aulas em cursos de pós-graduação e palestras em diversas instituições, como a Sociedade Brasileira de Dermatologia.

Tatiana Vianna Vendramim – Sou devota de Nossa Senhora, agraciada por ter nascido em uma família que desde sempre me ensinou a amar Maria. Neta de Olevan Vianna, um dos santos com quem tive a honra de conviver e muito aprender, exemplo de bondade e caridade (tive outros também, como minha tia Lourdes Eleutério e minha irmã Fabiana). Esposa e mãe de duas meninas, sou arquiteta; trabalhei apenas em uma empresa e para outros profissionais do ramo, além de atuar por um tempo na área de eventos. Atualmente, sou profissional autônoma e sigo o dom profissional que Deus me deu com alegria para atender a todos da melhor forma possível, levando Cristo por onde eu vou e vivendo com o lema de São Filipe Néri: "Eu prefiro o Paraíso".

Even Sacchi Ambrosio – Sou devota de Nossa Senhora, a quem aprendi a amar com minha saudosa mãezinha Odirce Annunciata. Também sou jornalista. Atuei como repórter e editora na TV Globo, editora-chefe de telejornal na Band e editora de Política no SBT, entre outros trabalhos jornalísticos; inclusive como voluntária na Associação Beneficente Rainha da Paz, que cuida de pessoas em situação de vulnerabilidade e com deficiência, e de suas famílias. Também sou escritora e faço pesquisa para obras literárias.

CULTURAL

Administração – Antropologia – Biografias
Comunicação – Dinâmicas e Jogos
Ecologia e Meio Ambiente – Educação e Pedagogia
Filosofia – História – Letras e Literatura
Obras de referência – Política – Psicologia
Saúde e Nutrição – Serviço Social e Trabalho
Sociologia

CATEQUÉTICO PASTORAL

Catequese – Pastoral
Ensino religioso

REVISTAS

Concilium – Estudos Bíblicos
Grande Sinal – REB

TEOLÓGICO ESPIRITUAL

Biografias – Devocionários – Espiritualidade e Mística
Espiritualidade Mariana – Franciscanismo
Autoconhecimento – Liturgia – Obras de referência
Sagrada Escritura e Livros Apócrifos – Teologia

PRODUTOS SAZONAIS

Folhinha do Sagrado Coração de Jesus
Calendário de mesa do Sagrado Coração de Jesus
Almanaque Santo Antônio – Agendinha
Diário Vozes – Meditações para o dia a dia
Encontro diário com Deus
Guia Litúrgico

VOZES NOBILIS

Uma linha editorial especial, com importantes autores, alto valor agregado e qualidade superior.

VOZES DE BOLSO

Obras clássicas de Ciências Humanas em formato de bolso.

CADASTRE-SE
www.vozes.com.br

EDITORA VOZES LTDA.
Rua Frei Luís, 100 – Centro – Cep 25689-900 – Petrópolis, RJ
Tel.: (24) 2233-9000 – Fax: (24) 2231-4676 – E-mail: vendas@vozes.com.br

UNIDADES NO BRASIL: Belo Horizonte, MG – Brasília, DF – Campinas, SP – Cuiabá, MT
Curitiba, PR – Fortaleza, CE – Juiz de Fora, MG – Petrópolis, RJ – Recife, PE – São Paulo, SP